COLECCIÓN "AGUA VIVA"

Serie B

FRANCISCO CERRO CHAVES

Arzobispo de Toledo. Primado de España

HEMOS CONOCIDO EL AMOR

Ejercicios Espirituales en clave misionera para sacerdotes, diáconos permanentes, seminaristas, vida consagrada y laicos

Edición preparada por
Pablo Cervera Barranco

FONTE
GRUPO EDITORIAL

EDITORIAL
MONTE CARMELO

© 2023 Francisco Cerro Chaves
© 2023 Grupo Editorial Fonte
P. del Empecinado, 1; Apdo. 19 - 09080 - Burgos
Tfno.: 947 25 60 61

www.montecarmelo.com
www.grupoeditorialfonte.com
editorial@grupoeditorialfonte.com

ISBN: 978-84-10023-05-5
Depósito Legal: BU-288-2023

Impresión y encuadernación
Grupo Editorial Fonte - Burgos
Impreso en España. Printed in Spain

Al Obispo de Cienfuegos (Cuba),
a sus sacerdotes, seminaristas,
diáconos permanentes con sus esposas,
vida consagrada y laicos
que participaron en la tanda de
Ejercicios Espirituales de Cienfuegos,
con mi bendición y agradecimiento.

ÍNDICE

Prólogo

En la Fiesta de san Ignacio de Loyola he redactado el prólogo para el libro sobre los Ejercicios Espirituales que hemos vivido en la Diócesis de Cienfuegos (Cuba) del 3 al 8 de julio del año 2023. Como Director de los mismos hemos tenido a Mons. Francisco Cerro Chaves, Arzobispo de Toledo y Primado de España.

Debo decir que con Mons. Francisco compartí algunos años de formación en el Seminario Mayor de Toledo. Era entonces cuando en muchos de los Seminarios de España disminuía el número de seminaristas e incluso algunos se cerraban. Sin embargo, en Toledo aumentaba el número de los que ingresaban para formarse a la vida sacerdotal.

En los Ejercicios Espirituales hemos participado treinta y nueve personas, entre sacerdotes, diáconos permanentes y sus esposas, matrimonios, religiosos, seminaristas y candidatos al diaconado permanente.

Han sido Ejercicios Espirituales de san Ignacio de Loyola, exponiendo las cuatro semanas en una. Debo decir que para todos los que participamos ha sido un inmenso regalo de Dios por varias razones:

1. La claridad del Director para exponer los contenidos ignacianos y haciéndonos ver el fundamento bíblico de las meditaciones.
2. Por el material impreso entregado sobre los Ejercicios, y poder leerlo en privado como un buen alimento espiritual.

3. Por hacernos ver que nunca se está solo si Cristo está en nuestra vida. Hemos vivido con Cristo.

4. Poder oír que Dios perdona una y mil veces para no dejar nunca de ser hijos de Dios. ¡El amor de Dios es inmenso e íntimo y personal!

5. Escuchar de forma continua y bien explicada la palabra de Dios en favor de cada uno.

6. Por animarnos a meditar las enseñanzas divinas y «bañarnos en ellas».

7. Poder meditar la Pasión de Cristo, y, también, la pasión de los santos.

8. Conocer que Dios pide el arrepentimiento para la misericordia y no la culpabilidad.

9. Por ilusionarnos con las lecturas de las apariciones de Jesús resucitado.

10. Salir con el deseo de amar a Cristo para que nos encomiende lo que quiera.

Tuvimos muchos momentos, en ambiente de silencio, para estar ante Cristo en el sagrario orando con inmensa alegría, y llenar el corazón de gran alegría y de claras decisiones de vivir para el Señor.

Escuchamos: «Los problemas, las angustias, los males son patrimonio de la humanidad». Y esto significa que Dios nos ama siempre, que las dificultades no empobrecen, no disminuyen el amor del Señor.

También escuchamos repetidas veces enseñanzas de santos y de sabias inteligencias de la Iglesia. Y esto nos hacía pensar que hay que estar examinando con cierta frecuencia qué oímos y de quién lo oímos. Y es que la fuente principal del oído debe ser Cristo y quienes nos hablan de Cristo.

Todos los participantes en los Ejercicios reconocíamos que habían sido unos días llenos de claridad doctrinal desde las fuentes bíblicas, y según el plan que Dios iluminó a san Ignacio para los ejercitantes.

Doy y damos gracias a Dios que se ha servido de Mons. Francisco para que hayamos vivido unos días santos, en la santidad de Dios con paz y con el deseo de ser propiedad de Cristo Jesús, ya que hemos sido comprados con su sangre.

+ Domingo Oropesa Lorente
Obispo de Cienfuegos (Cuba)
Cienfuegos, 31 de julio de 2023

Introducción a ocho días de Ejercicios Espirituales ignacianos, a la luz del Corazón de Cristo

Pablo Cervera Barranco

Me pide el autor de este libro que introduzca estas páginas desarrollando la perspectiva del Corazón de Cristo en los Ejercicios de san Ignacio. Lo hago con sumo gusto por cuanto ambas realidades me son cercanas y queridas y han sido la perspectiva, precisamente, de un libro que publiqué sobre los Ejercicios espirituales de san Ignacio[1].

Los Ejercicios de san Ignacio son una experiencia espiritual, en retiro silencioso, siguiendo el itinerario y método que san Ignacio vivió en primera persona, y después articuló y estructuró, de modo que paralelamente a los que proclamó el papa Paulo III sobre las *Constituciones* de la Compañía de Jesús se podría decir: «Aquí está el dedo de Dios». Efectivamente, pocos libros han recibido tanta ponderación por parte de los Papas como este pequeño del santo de Loyola[2].

---

[1] P. CERVERA BARRANCO, *Operación a Corazón abierto. El corazón del hombre ante el Corazón de Cristo. Ocho días de Ejercicios espirituales de san Ignacio* (BAC, Madrid ³2018).

[2] El libro de los *Ejercicios Espirituales* fue aprobado por un breve pontificio (*Pastorales officii cura*), el 31 de julio de 1548, y es raro privilegio que un libro obtenga aprobación tan solemne: FN II, 1, 10. La importancia de los Ejercicios Espirituales fue puesta de relieve de manera especial por la encíclica *Mens Nostra* de Pío XI, en 1929.

Los Ejercicios son una «Operación a corazón abierto: el corazón del hombre ante el Corazón de Cristo». En realidad, se trata de una «cirugía espiritual», realizada por el Espíritu Santo con la ayuda de los puntos de meditación, siguiendo una estructura determinada (que es el carisma ignaciano encerrado en ellos) y que, al recorrer las cuatro etapas propuestas por el santo de Loyola operan en el ejercitante una transformación de su vida cristiana. El que hace los ejercicios tiene que «abrir de par en par las puertas a Cristo», en expresión querida y usada por san Juan Pablo II, que equivale a someterse a una «operación a corazón abierto», cirugía protagonizada por el Espíritu Santo. El corazón del ejercitante, al recorrer las diversas etapas de reforma, conformación, confirmación y transformación[3], siempre ante el Corazón de Cristo, culmina con un corazón nuevo: «Os rociaré con agua pura y quedaréis purificados; de todas vuestras impurezas y de todas vuestras basuras os purificaré. Y os daré un corazón nuevo, infundiré en vosotros un espíritu nuevo, quitaré de vuestra carne el corazón de piedra y os daré un corazón de carne. Infundiré mi espíritu en vosotros y haré que os conduzcáis según mis preceptos y observéis y practiquéis mis normas» (Ez 36,25-27).

Es cierto que san Ignacio no vive ni presenta el Corazón de Cristo según la modalidad que se hizo universal en la Iglesia con santa Margarita María de Alacoque y san Claudio de la Colombière, su director espiritual. Hasta entonces claro que existía la espiritualidad del Corazón de Cristo: ya desde la Escritura, los santos Padre y autores medievales[4].

---

[3] Es clásica la formulación de P. B. Lanteri: «*Deformata reformare* (1ª semana), *reformata conformare* (2ª semana), *conformata confirmare* (3ª semana), *confirmata transformare* (4ª semana)». Cf. M. RUIZ JURADO, *Linee teologiche strutturali degli Esercizi ignaziani* (Roma 1983) 2.

[4] P. CERVERA BARRANCO-J. PUEYO VELASCO, *Mirarán al que traspasaron. Historia de la Espiritualidad del Corazón de Cristo* (BAC, Madrid 2024).

San Ignacio se inserta en la línea de la espiritualidad de la *devotio moderna* que insiste en la humanidad de Cristo, ya desde san Francisco de Asís, por ejemplo. Ignacio presenta un Cristo vivo que el ejercitante debe llegar a conocer desde dentro, internamente, desde su Corazón.

Los ejercicios son una experiencia, no son un libro de lectura o de ensayo religioso. Es un libro para la práctica en la que el ejercitante se pone ante Dios (Principio y fundamento [EE 23]) para adquirir su postura verdadera de criatura ante el Creador, de hijo ante el Padre, de siervo ante el Señor. Ese primer paso hace ver en seguida el desarreglo que hay en esa relación: será una forma introductoria para lo que san Ignacio llama Primera Semana. En este primer momento de los Ejercicios se descubre el amor del Corazón de Dios al crearnos. El santo invita a mirar al Corazón de Cristo como lugar donde se realiza la alabanza, la reverencia y el servicio perfecto al Padre. En el Corazón de Cristo encontramos la fuente y el modelo de la «indiferencia» ignaciana. En él bebemos y aprendemos a hacer uso de las criaturas «tanto cuanto» nos conducen al fin para el que hemos sido creados.

La Primera Semana (etapa, puesto que los siete días no se aplican siquiera en la forma completa de los Ejercicios de mes) es la etapa de la purificación. Ante Jesucristo en cruz [EE 53] y en permanente coloquio de misericordia [EE 61] el sujeto reforma todo lo que hay de deformado en su existencia. No es un mirarse al ombligo buscando pecados. Se trata de mirar y dejarse mirar por Jesucristo en cruz que por mí salvación ha ido a la cruz. Jesucristo en cruz [EE 53], revela al ejercitante «el misterio del hombre y su vocación». La experiencia es plenamente teologal. No se trata de psicologismo ni psicoanálisis. Sin la petición de la gracia [EE 46] y el don de Dios correspondiente no se llega hasta la raíz. El ejercitante entra en el misterio del Corazón herido de Cristo y desde ese amor entregado queda lavado del pecado en el sacramento de la confesión. El ejercitante trata con mucho afecto al Señor crucificado, preguntándole «como un amigo a otro amigo, como un siervo a su señor» [EE 54]: ¿Qué he hecho por Ti, qué hago por ti, qué debo hacer por ti? Se trata de un diálogo de amor personal, tú a tú con el Corazón de Cristo.

Hablábamos de la centralidad de Jesucristo en los Ejercicios. Esto se acentúa en las contemplaciones de los misterios de la vida de la infancia y vida pública del Señor. Se trata de la segunda semana. La petición de la contemplación es la misma en toda esta etapa y va directa al conocimiento/experiencia de lo interior de Cristo, es decir, su Corazón: «Conocimiento interno de Cristo, que por mí.....nace, va al Jordán. Para que más le ame y le siga» [EE 104, 113,...]. Cada misterio encierra una gracia particular que el ejercitante debe pedir hasta alcanzarla. Este conocimiento cordial de Cristo, empático, hace que sea el momento propicio del discernimiento. No hay propósitos ni metas a perseguir. El Espíritu Santo va forjando en esta etapa el Cristo que cada uno debe llegar a ser según la voluntad de amor de Dios. Sólo en esta atmósfera de amor y seguimiento se entiende y aprovecha el discernimiento que Ignacio incluye en las reglas de esta semana.

La semana segunda se caracteriza por varias contemplaciones / meditación estructurales (según el decir del P. Jerónimo Nadal, primer vicario general de san Ignacio en la Compañía de Jesús): la meditación del Rey temporal [EE 91ss], las dos banderas [EE 136ss], la meditación de los binarios [EE 149ss] y los grados de humildad [EE 164ss] tiene como característica común una mirada. Toda ellas van configurando la voluntad, la mente, los criterios en una mirada y amor de configuración con el Cristo vivo que va descubriendo. Se trata de, en cualquier estado de vida o reforma que se lleve a cabo, elegir a Cristo cuyo centro es su Corazón. La voluntad de Dios se descubre, se ama y se elige en ese clima de «consolación» que es la cercanía del Corazón de Jesús.

Las reglas [EE 1ª semana: 313ss; 2ª semana: 328ss; Distribución limosnas: 337ss; Sobre escrúpulos: 345ss], adiciones, etc. con todo su aparente «método voluntarista» están muy lejos de ser eso: se trata de un complemento de ayuda, de hondo caldo y sabiduría espirituales, cuya finalidad es conectarnos y configurarnos con los sentimientos de Cristo Jesús (Flp 2,5: «Tened en vosotros los mismos sentimientos de Cristo Jesús»).

Tras la conformación (segunda semana) de lo reformado (primera semana) la tercera etapa busca la confirmación: es el camino de la cruz. Ahora no es tanto momento de conversión por los pecados, sino de seguimiento de Cristo en cruz que así realiza la redención. Entramos en el misterio del dolor de Cristo y pedimos: «Dolor con Cristo doloroso... que por mí va morir en la cruz». No es un dolorismo, es una identificación con la persona de Cristo y su camino hacia la salvación. Y puedo hacerlo no por masoquismo, sino porque va a la cruz por mis pecados. El por mí de toda la segunda semana se sigue prolongando en esta. En esta identificación de dolor entraría lo que, siglos más tarde, se configuraría como una de la patas de la devoción según Paray le Monial: la reparación y la compasión. La visión de Cristo en Pasión suscita la com-pasión (padecer con) del ejercitante y ello lleva a una identificación de amor por cuanto ni uno mismo ni el resto de los hombres le ha amado.

Por último, viene la cuarta semana. La transformación de lo confirmado (en la tercera semana). Aquí san Ignacio, que era vasco, parece andaluz en la exageración repetida y sobreabundante de sus expresiones: pedir la «gracia para alegrarme y gozar intensamente de tanta gloria y gozo de Cristo nuestro Señor» [EE 211]. Es momento de dejarse confirmar en el gozo de Cristo, nuestro gozo está en él. Él es quien hace oficio de consolador [EE 224] con cada uno y eso es fruto del encuentro con un Corazón resucitado vivo fuente de la caridad y la alegría de donde viene todo amor y gozo verdadero [EE 299ss].

El itinerario de los Ejercicios finaliza con la «Contemplación para alcanzar Amor» [EE 230ss]. Es una de las contemplaciones más típicamente ignacianas no solo en relación a su espiritualidad, sino a su misión apostólica. Sin ella no se podría entender verdaderamente la espiritualidad jesuítica o ignaciana que tanto ha penetrado en Órdenes, congregaciones, grupos apostólicos, asociaciones de fieles...

De ella brota el asombro agradecido, la visión de Dios en todas las cosas y de todas las cosas en Dios y, como consecuencia el «Tomad, Señor y recibid...» [EE 234]. Se trata de la ofrenda de todo el ser, de «la memoria, el entendimiento y voluntad» al Corazón que es fuente y origen de todo bien. La ofrenda es una Consagración de la propia vida que se disponer a salir de los Ejercicios con total disponibilidad para «en todo amar y servir a su divina majestad» [EE 233].

La experiencia de los Ejercicios no es una experiencia individual, sino eclesial: los sacramentos, la escucha de la Palabra a través de un testigo eclesial.... ya hacían ver la dimensión eclesial. Ahora se verifica con las famosas «Reglas para sentir en la Iglesia» [EE 352ss]. Así, concreta e inequívocamente, estas reglas conectan con el Corazón de Cristo, Esposo de la Iglesia (no olvidemos la interpretación esponsal de la Escena de la transfixión por parte de tantos autores), cuyo Corazón late y latirá en el corazón de la «Santa Madre Iglesia jerárquica», denominación que san Ignacio da a la Iglesia.

Introducción

Estos Ejercicios Espirituales en la diócesis de Cienfuegos, que ahora publicamos, han sido un servicio, para bien de nuestra querida Iglesia que camina en Cienfuegos (Cuba) y han querido manifestar su comunión y amor con el Obispo y también con sus sacerdotes, diáconos permanentes y sus esposas, vida consagrada y laicos.

En clave ignaciana, los Ejercicios Espirituales son una introducción y el principio y fundamento de la vocación a la santidad de todo el pueblo de Dios: sacerdotes, vida consagrada y laicos. La primera semana considera el pecado hacia la misericordia; la segunda semana presenta la elección y reforma de vida desde el Evangelio que se inicia con la Encarnación, Belén, Nazaret y vida pública. Con la tercera semana aterrizamos en el seguimiento de Cristo: la cruz es dirección obligatoria. La cruz es patrimonio de toda la humanidad. Unidos a Cristo sabemos que, como decía santa Teresa «con tan buen capitán que se puso en lo primero en el padecer, todo se puede sufrir» (*Vida*, cap. 22).

La cuarta semana es la proclamación y vivencia interna de la resurrección de Cristo: Cristo vive, es una llamada a vivir el gozo del Resucitado que nos envía a evangelizar a un mundo necesitado del gozo pascual... «Resucitó de veras mi amor y mi esperanza». Es la semana de las gracias más permanentes y delicadas del Corazón de Jesucristo, que nos ayuda a vivir la llamada a «consolar, consolar a mi pueblo» (Is 40,1). Nos lleva a la conclusión de los ejercicios espirituales: la «contemplación para alcanzar el amor». Es el aterrizaje de nuestra vida para vivir con el convencimiento de que todo lo que recibimos en este encuentro con el Señor, se puede vivir en nuestra vida cotidiana y concreta, porque todo lo que no nos sirve para vivir, no sirve para nada.

Este es el objetivo final de los ejercicios espirituales: se tienen que hacer vida.

I. El principio de entrada y fundamento de la vida cristiana

Consejos de San Ignacio al ejercitante:

1. [5][1] «Mucho aprovecha entrar en los EE con grande ánimo y generosidad con mi Criador y Señor, ofreciéndole todo mi querer y libertad, para que se sirva de mí conforme a su "santísima voluntad"».

— No venimos a «rezar unos días», sino a poner mi vida del todo y entera delante de Él.

— Orar desde mi «último sótano», junto a mis deseos ocultos, miedos, dudas y perplejidades; sin pretender salvar mi imagen ni auto-justificarme.

— Con una actitud deliberada y buscada de confianza en Él, total y sin reservas..

— Esto es «disponer o aparejar el alma para escucharle» [1] [238].

2. [20] [11] «Poniendo todo el cuidado en una sola cosa..., trabajando cada día, con toda diligencia, para buscar la cosa que busco,... lo que tanto deseo»; mirando cada día al presente y no a lo que tengo que hacer después...

— Conjugando tres elementos cada día:
  * oración: relacionada con la forma de *agradecerle a Él* lo vivido hasta hoy;

---

[1] Los números entre corchetes hacen referencia al libro de los Ejercicios, que debes tener a mano para consultar.

* discernimiento: *escuchar* lo que Dios quiere decirme a mí ahora;

* ascesis: concentración y silencio, para captar y cultivar mejor su regalo;

— fomentar y expresar deseos hondos, pedir lo que sólo Él quede darme, saber recibir...

3. [15] «Más conveniente y mucho mejor es que el mismo Criador y Señor se comunique a la su ánima devota, abrazándola en su amor y alabanza, y disponiéndola por el camino que mejor podrá servirle adelante».

— Acallado todo protagonismo, esperar la comunicación personal de Dios.

— La iniciativa es toda de Él, que es el que nos ama y nos mira primero [75].

— La Oración no es lo que yo hago, sino lo que recibo de Él y le agradezco.

— El protagonista de la comunicación en los Ejercicios es el Señor.

4. [2] «Lo que harta y satisface al alma no es el mucho saber, sino el sentir y gustar de las cosas internamente»; saborear y disfrutar a Dios y las cosas de Dios.

— *Los Ejercicios son* un método para bajar las cosas de la cabeza al corazón.

— Aprovechar los recursos específicos para *«sentir y gustar»:*

* pausas: pararse donde sienta algo, sin ansias de pasar adelante [76];

* repeticiones: saborear lo saboreado, gustar lo ya conocido y disfrutado [62];

* exámenes: para tomar conciencia de cómo me lleva Dios nuestro Señor y darle las gracias o enmendar mi sordera ante Él [77].

II. Acudimos al Padre desordenados

Texto que recoge «el fundamento» o las *razones* del ejercitante para hacer Ejercicios («¿De qué te sirve el éxito si pierdes tu alma?»; «No podía tener más un Dios estrecho»...).

Acudimos a Dios con conciencia sincera de *«estar desordenados».* Nuestro *desorden* nace de tomar los medios como fines (la salud, el dinero, el éxito, la imagen, el ansia por alargar la vida...). La libertad *(=el orden)* sólo puede recuperarse dejando de absolutizar el propio Yo (=la soberbia, *«el enemigo de natura humana»).* Por eso, «es menester *hacernos indiferentes»* a lo que sólo son medios. No se trata de menospreciar los alicientes positivos de la vida, sino de jerarquizarlos bien. «*¿Y qué, si me faltan?».*

De momento, sólo se nos pide reconocer serenamente este *desorden* y estimular nuestro deseo de recuperar *la libertad.* Se nos anuncian en este párrafo, como en el índice de un libro, los temas de los Ejercicios. «*¡A dónde voy y a qué!»* [206] [239].

1. Memoria y olvido

1. La auténtica imagen de Dios; «la gloria de Dios es que yo viva, crezca y sea feliz». *Dios* no es estrecho, mezquino, rencoroso, distraído, sordo, insensible,...

2. *Mis* grandes deseos son presencia manifiesta de Dios; «tu deseo es tu oración», los sueños de Dios sobre mí; «¡Él me acepta como soy, pero me sueña mejor!».

3. A *Dios* se acude «desordenado», porque es «un Dios de misericordia»:

— Acepta tus debilidades y pequeñeces, ¡Él las aceptó hace años! (Rom 7,15.19).

— Verme débil para poder encontrar su fuerza (2 Cor 12, 9-10).

4. «Las *otras cosas* (=los asuntos de la vida) me desordenan...»; ¡sólo son medios!:

— Las convierto en «dioses» cuando no las uso «*tanto... quanto*» ...

— Relativizarlas respecto de mi único fin *(¿y qué?);* no pueden ser «preferentes».

5. «Solamente deseando y eligiendo *lo que más* nos conduce para el fin...»:

— Sólo un amor más grande nos libera del desorden y de adorar el Yo.

— Pedir una pasión de amor que me arrastre con fuerza para salir de mí mismo.

III. Primera semana

Pecado y misericordia

Esta primera semana es siempre una llamada a construir nuestra vida desde la inmensa compasión del Señor con nuestras miserias y pecados. Parte del Principio y fundamento que es un documento que, como tema central de la película, se repetirá de fondo en muchos momentos de las distintas semanas... Somos creados para alabar, reverenciar y servir a Dios, para salvar nuestra alma y para eso tenemos que hacernos indiferentes, es decir, vivir libres de todo afecto desordenado. Es lo que pedimos en Cuaresma en su prefacio: «Para que lleguemos a la Pascua, libres de todo afecto desordenado».

1. Gustad y ved qué bueno es el Señor

El objetivo es *«sentir y conocer internamente»* la Bondad de Dios y dejar brotar en mí el agradecimiento [52-53] [59-61]. La consideración del pecado, en la Historia y en mi historia personal, no es más que la ocasión para *«sentir»* que somos aceptados y mirados misericordiosamente por Dios. Se pide la consolación de sentirnos «pecadores perdonados» [316]. Su Bondad es mayor que nuestro pecado (Rom 5,20; 2 Tim 2,13).

Se fomentan tres sentimientos: *vergüenza y confusión* (porque no hemos estado a la altura), *aborrecimiento* (de la malicia de cada pecado en sí), y sobre todo, *agradecimiento* (por habernos encontrado ahí con el Dios Regalador).

¡Acepta que eres aceptado y vive agradecido! Sanear fariseísmos (¡qué malos son los demás!) y culpabilidades (¡no tengo perdón de Dios!), porque ambas son lecturas narcisistas del mal en nosotros. Sólo la gratitud nos lleva a Dios.

1. Era yo un hombre pequeñito y ya tan grande pecador (S. Agustín)

— Cómo herimos el «sueño» de Dios: la historia está desfigurada desde antes de la aparición del hombre *(«viniendo en soberbia»)*, pero la humanidad y cada uno hemos contribuido a lo largo de toda la Historia a esta desfiguración *(«cuánta corrupción»)*.

— Cómo se ha situado Dios ante este mal: no condenándolo definitivamente, sino padeciéndolo para vencerlo *(«cómo me ha conservado en vida hasta ahora»)*.

— ¿Qué puedo hacer yo para colaborar con su plan? (coloquio ante Cristo nuestro Señor puesto en cruz: *«qué debo hacer»)*; la *sabiduría* de la respuesta que venga de Él...

— *Ponderar mis pecados* mirando la mediocridad habitual de mi vida, mi talante de desconsideración con Él, desmemoriado de su amor y su regalo *(«Yo te ungí yo te libré; en cambio, tú me has matado a Urías»* (2 Sam 11-12).

— Sólo nos *sentimos* pecadores dentro de una experiencia de perdón, abrumados por tanta bondad *(«vergüenza y confusión»);* bajar a nuestros propios «sótanos», acompañados por Él, para pedir ahí la experiencia de «pecador perdonado», base de toda pastoral sana.

— Admirándome de la paciencia que han tenido conmigo *«los ángeles, los santos, el sol, la luna, las estrellas y hasta los animales y la tierra misma»;* sobre todo, *«exclamación admirative porque el Señor me ha dejado en vida y conservado en ella».*

— Dejar que broten sentimientos: *«un coloquio de misericordia, razonando y dando gracias a Dios ... como un amigo habla a otro amigo».* «¡Ay, Señor, ya he vuelto a hacerte otra de las mías!» (Cura de Ars).

2. Leer y meditar

* Parábolas del fariseo y el publicano (Lc 18), del perdonado que no perdona (Mt 18), de los talentos (Lc 19): guardar memoria de haber sido regalado y perdonado.

2. Pedir que mi afectividad y mi sensibilidad se enteren de la Bondad de Dios

El 3er ejercicio es repetición de lo «visto» y sentido en los dos anteriores, *«notando y haciendo pausa en los puntos donde he experimentado mayor sentimiento espiritual».*

Los sentidos necesitan (tanto para surgir como para saciarse) repetir y repetir una experiencia (por eso, la mitad de las propuestas en los Ejercicios son repeticiones). Sobre todo, repetir los coloquios y momentos donde he sentido más internamente mi desconsideración con Él y su Bondad mantenida, llena de paciencia conmigo. *«Haciendo tres coloquios»,* para educar mi sensibilidad (=sentir como Él), paso necesario para asegurar mi «conversión»; frente al voluntarismo, oírmela pedir tres veces, o más ... a nuestra Señora y al Hijo como intercesores, y al Padre como Regalador *(«para que me lo conceda»);* pidiendo «*interno conocimiento y aborrecimiento de mis pecados, del desorden de mis operaciones* (=sus raíces y mis autoengaños) *y de las cosas mundanas y vanas* (=la otra *"bandera")».*

El 4° ejercicio es resumen del anterior: *«Sin divagar* (=centrándose en lo esencial), *discurrir asiduamente por la reminiscencia de las cosas contempladas»;* y tres coloquios.

El 5° ejercicio es meditación del infierno. El objetivo de esta meditación es robustecer un *sentimiento interno* de agradecimiento a Dios por su fidelidad, y así estabilizar una decisión afectiva propia que podría hacerse veleidosa *(«si del amor del Señor eterno me olvidare por mis faltas...»).* Se pretende valorar mejor la experiencia del amor situándonos imaginativamente en el *sentimiento interno* del «desamor» (= ¿qué sería de mí si me faltara ese amor que ha dado sentido a mi vida?).

Por eso, se propone al ejercitante mirar cara a cara esa posibilidad y sentirla con todos los sentidos: imaginar y sentir el estado de las personas que han destruido su vida despreciando a los que les han amado y renunciando a ser agradecidos.

En ese contexto, *«darle gracias porque no me dejó caer en eso acabando mi vida»,* sino que *«siempre ha tenido de mí tanta piedad y misericordia».*

La composición de lugar que expresa Ignacio es el infierno del Dante o de El Bosco, *propia* de su tiempo. Jesús había utilizado la imagen del basurero de Jerusalén. Hoy también son válidas las imágenes de la incomunicación profunda, la pérdida de las ganas de vivir, la incapacidad de amar o de perdonar... En realidad, la frustración de la salvación es algo tan trágico como no representable.

¿Qué dice Jesús sobre el pecado? ¿Y sobre mis pecados personales?

Lectio divina (Jn 8, 1-11)

[1] *Por su parte, Jesús se retiró al monte de los Olivos.* [2] *Al amanecer se presentó de nuevo en el templo, y todo el pueblo acudía a él, y, sentándose, les enseñaba.* [3] *Los escribas y los fariseos le traen una mujer sorprendida en adulterio, y, colocándola en medio,* [4] *le dijeron: «Maestro, esta mujer ha sido sorprendida en flagrante adulterio.* [5] *La ley de Moisés nos manda apedrear a las adúlteras; tú, ¿qué dices?».* [6] *Le preguntaban esto para comprometerlo y poder acusarlo. Pero Jesús, inclinándose, escribía con el dedo en el sue-*

lo. [7]*Como insistían en preguntarle, se incorporó y les dijo: «El que esté sin pecado, que le tire la primera piedra».* [8]*E inclinándose otra vez, siguió escribiendo.* [9]*Ellos, al oírlo, se fueron escabullendo uno a uno, empezando por los más viejos. Y quedó solo Jesús, con la mujer en medio, que seguía allí delante.* [10]*Jesús se incorporó y le preguntó: «Mujer, ¿dónde están tus acusadores?; ¿ninguno te ha condenado?».* [11]*Ella contestó: «Ninguno, Señor». Jesús dijo: «Tampoco yo te condeno. Anda, y en adelante no peques más».*

Meditación

Jesús cuando subía a Jerusalén en torno a la Pascua judía, subía en la primavera pasando por Betania. De Betania, casa de los amigos, subía hacia el Monte de los Olivos, donde podía pernoctar en alguna de las cuevas, y de madrugada se encaminaba hacia el Templo.

Vivía aquello de que «por ti madrugo» y el deseo de amar y de perdonar le impulsaba a hacerse presente en el Templo.

Llega al Templo y se sienta fuera. Sentarse es la actitud del maestro que enseña mientras que la postura de pie es la actuación sacerdotal. Aquí se sienta para legislar, actúa como Maestro de la Ley. Así se lo reconocen hasta sus mayores enemigos.

1. Una mujer sorprendida en adulterio

Sorprendida y sin ningún miramiento ni escrúpulos. Con sed de venganza, ninguno mira a aquella mujer a la que sólo la mira Jesús. Parece como que los hombres han perdido la razón. Solo Jesús les para, les vence y les convence para que la dejen en paz.

Aquí aparece la única vez en la que le preguntan a Jesús qué pensaba sobre el pecado...

«Moisés manda apedrear a las adúlteras. Tú ¿qué piensas? Aparece claramente la pregunta directa al Corazón de

Jesús... Vamos ¿tú qué piensas sobre lo que dice Moisés? Jesús ve su mala intención y que no les interesa nada su respuesta, sino comenzar con la lapidación, el apedreamiento a aquella pobre mujer. Han dejado escapar al hombre que adulteraba con aquella mujer. Parece que esto interesa menos. Es la hipocresía de los fariseos. Es difícil, ante el pecado, sentarse con humildad y transparencia.

2. Jesús escribe sobre arena dos veces

Es la primera respuesta, un gesto que les sorprende. Mejor dicho: son tres los gestos que hace Jesús. Primero un gran silencio. Bendito silencio de Jesús, que no es desinterés, sino para que entremos en nuestro interior y recapacitemos. Segundo: se agacha, se pone a su nivel. Casi de rodillas, como hizo en la última cena. Por último, escribe sobre la arena. Al escribir dos veces significa que es clave para captar lo que Jesús quiere explicar sobre el pecado.

¿Qué nos sugiere a nosotros que escribía sobre la arena? Que ante el pecado, el Señor nos dice que sólo se puede ver y enfocar desde el Amor misericordioso. Nos recuerda que lo que se escribe sobre la arena es que está llamado tarde o temprano a desaparecer. No podemos hacer del pecado y de nuestra vida, siempre amenazada por el pecado, el centro y la única preocupación de nuestra vida. El centro de nuestra vida es el Amor Misericordioso de Jesús que es más fuerte que el pecado, el sufrimiento y la muerte.

Siempre me ayudó una anécdota de los padres del desierto. Caminando un día dos peregrinos, con mucho calor, en un momento entran en una discusión acalorada y uno abofetea al otro. El que ha sido abofeteado escribe sobre la arena. Hoy mi mejor amigo me ha pegado una bofetada. Sigue caminando y el calor, que es insoportable, le lleva al que ha sido abofeteado a refrescarse en un oasis, donde las arenas movedizas amenazaban con tragárselo. El otro monje luchó hasta sacarlo de las arenas movedizas.

Cuando sale medio muerto de las aguas traidoras, escribe sobre roca: Hoy mi mejor amigo me ha salvado la vida. Al seguir caminando le pregunta el que protagonizó la bofetada y el que lo socorrió, por qué la bofetada la escribió en arena y la salvación sobre roca. La respuesta es la sabiduría del cristianismo de los monjes del desierto: lo que es el pecado, la bofetada, hay que escribirlo sobre arena, para que se borre lo más pronto posible porque, si no, el pecado hace herida y son heridas son difíciles de curar. Sin embargo, lo que merece la pena, el amor salvador, es necesario que se nos grabe en el corazón, a fuego, a cincel, para que nunca se nos olvide que desde el Amor de Dios todo tiene solución.

3. Ha sido derrotado el acusador

Aquella mujer se queda a solas con su pecado y tiene que descubrir a Jesús que está delante de aquella mujer como nuevo Moisés: legisla con corazón misericordioso, con entrañas de misericordia y dice con su vida que «ha sido derrotado el acusador de nuestros hermanos, el que los acusaba ante nuestro Dios de día y de noche».

La pregunta de Jesús a aquella mujer es una pregunta que cada uno, desde los sentimientos de su corazón, nos debemos hacer ¿Dónde están tus acusadores? La mujer se levanta y descubre que se han ido todos, comenzando por los más viejos y que solo están ella ante Jesús. Al descubrir que se han ido uno por uno escabullendo, Jesús le recuerda la gravedad del pecado, desde su Amor que le lleva a vivir en el realismo de la paz. Anda, vete en paz y no peques más..

Oración

Padre de eternas misericordias
gracias por darme a Jesús,
mi otro abogado y defensor.

gracias por ayudarme a vencer
el mal a fuerza de bien,
a sembrar claridades,
hacer de mi vida,
un canto a tu misericordia,
que es más fuerte que
el pecado y la muerte.
Amén.

Contemplación

Esto hizo el Señor a los judíos, cuando aquellos le llevaron a la mujer adúltera, y le tendieron un lazo para tentarlo,
acabando por caer ellos mismos en la trampa. Dijeron: Esta
mujer ha sido sorprendida en flagrante adulterio; Moisés
ordenó lapidar a las adúlteras; ¿tú qué dices? Intentaron
capturar a la Sabiduría de Dios en una doble trampa: si hubiese mandado matarla habría perdido la fama de manso;
si hubiese ordenado liberarla, habrían podido calumniarlo
como violador de la Ley... Respondió, por tanto, sin decir:
matadla, y tampoco liberadla. Dijo, en cambio: El que esté
sin pecado que le tire la primera piedra. Justa es la ley que
ordena matar a la adúltera pero esta ley justa debe tener
ministros inocentes. Vosotros, que acusáis a la que condu-
cís, mirad también quiénes sois. Ellos, al oír estas palabras,
se iban retirando uno tras otro. Y se quedó solo Jesús con la
mujer. Quedó aquella que estaba herida y el médico, quedó
la gran miseria y la gran misericordia.

Aquellos que la habían conducido se avergonzaron, pero
no pidieron perdón; aquella que había sido conducida mostró estar confundida, y fue curada. Incorporándose, Jesús
le dijo: «Mujer ¿dónde están? ¿Nadie te ha condenado?».
Ella respondió: «Nadie, Señor». Jesús le dijo: «Tampoco yo
te condeno. Vete, y en adelante no peques más». ¿Tal vez
actuó Cristo contra su Ley? En efecto, su Padre no había
dado la Ley sin el Hijo. Si el cielo y la tierra y cuanto hay en

ellos han sido hechos por medio de Él, ¿cómo podía haber sido escrita la Ley sin el Verbo de Dios? Dios no obra, por tanto, contra su Ley, porque ni siquiera el emperador actúa contra sus leyes, cuando concede indulgencias a los reos confesos.

Moisés es el ministro de la Ley, pero Cristo es su promulgador. Moisés lapida como juez, Cristo manifiesta indulgencia como rey. Dios, por tanto, ha tenido piedad de la mujer por su gran misericordia, como aquí el salmista ora, pide, exclama y gime; algo que no quisieron hacer aquellos que presentaban la adúltera al Señor: reconocieron en las palabras del médico sus heridas, pero no pidieron al médico la medicina. Así, son muchos los que no se avergüenzan de pecar, pero sí de hacer penitencia. ¡Oh increíble locura! ¿No te avergüenzas de la herida, y te avergüenzas del vendaje de la herida? ¿No es, por ventura, más fétida y pútrida cuando está desnuda? Confíate, por tanto, al médico, conviértete, exclama: Reconozco mi culpa y tengo siempre presente mi pecado.

Y se marcharon todos. Quedaron Él y ella solos; quedó el Creador y la criatura; quedó la miseria y la misericordia; quedó la que reconocía su pecado y el que le perdonaba el pecado. Esto es lo que, inclinado, escribía en la tierra. (...) Le concedía el perdón; pero, al ofrecérselo, levantó hacia ella el rostro y le dijo: «¿Nadie te ha apedreado?». Y ella no dijo: «¿Por qué? ¿Qué he hecho, Señor? ¿Acaso soy culpable?». No se expresó en esos términos, sino que dijo: «Nadie, Señor».

Se acusó a sí misma. Los otros no pudieron probar el delito, y se retiraron sin rechistar. Ella, en cambio, confesó; su Señor no ignoraba su falta, pero buscaba su fe y su confesión. «¿Nadie te ha apedreado?». Ella responde: «Nadie, Señor». Nadie, por confesar su pecado; Señor por esperar su perdón. «Nadie, Señor». Reconozco las dos cosas: sé quién eres tú y sé quién soy yo. Y ante ti lo confieso. Escuché, en efecto: «Celebrad al Señor porque es bueno. Reconozco mi culpa, reconozco tu misericordia»[1].

Nosotros, que somos pecadores

Lectio Divina (Hechos 9,1-16)

[1] *Saulo, respirando todavía amenazas de muerte contra los discípulos del Señor, se presentó al sumo sacerdote* [2] *y le pidió cartas para las sinagogas de Damasco, autorizándolo a traerse encadenados a Jerusalén a los que descubriese que pertenecían al Camino, hombres y mujeres.* [3] *Mientras caminaba, cuando ya estaba cerca de Damasco, de repente una luz celestial lo envolvió con su resplandor.* [4] *Cayó a tierra y oyó una voz que le decía: «Saúl, Saúl, ¿por qué me persigues?».* [5] *Dijo él: «¿Quién eres, Señor?». Respondió: «Soy Jesús, a quien tú persigues.* [6] *Pero levántate, entra en la ciudad, y allí se te dirá lo que tienes que hacer».* [7] *Sus compañeros de viaje se quedaron mudos de estupor, porque oían la voz, pero no veían a nadie.* [8] *Saulo se levantó del suelo, y, aunque tenía los ojos abiertos, no veía nada. Lo llevaron de la mano hasta Damasco.* [9] *Allí estuvo tres días ciego, sin comer ni beber.* [10] *Había en Damasco un discípulo, que se llamaba Ananías. El Señor lo llamó en una visión: «Ananías». Respondió él: «Aquí estoy, Señor».* [11] *El Señor le dijo: «Levántate y ve a la calle llamada Recta, y pregunta en casa de Judas por un tal Saulo de Tarso. Mira, está orando,* [12] *y ha visto en visión a un cierto Ananías que entra y le impone las manos para que recobre la vista».* [13] *Ananías contestó: «Señor, he oído a muchos hablar de ese individuo y del daño que ha hecho a tus santos en Jerusalén,* [14] *y que aquí tiene autorización de los sumos sacerdotes para llevarse presos a todos los que invocan tu nombre».* [15] *El Señor le dijo: «Anda, ve; que ese hombre es un instrumento elegido por mí para llevar mi nombre a*

---

[1] SAN AGUSTÍN, *Comentario al sermón 16 A.*

pueblos y reyes, y a los hijos de Israel. ¹⁶Yo le mostraré lo que tiene que sufrir por mi nombre».

Meditación

Cinco son los momentos de la celebración Eucarística, donde partimos de que somos pecadores. Es una gracia que pedimos y que forma parte de este «reconocido que somos pecadores», de la conversión.

Somos pecadores. Oramos como pecadores. Cuando rezamos las letanías de la ordenación sacerdotal y de la consagración de vírgenes, al decir «nosotros que somos pecadores», pedimos que nos ayude en nuestra miseria,

1. El primer reconocimiento del que tenemos que partir es que «para participar con fruto en esta celebración comenzamos por reconocer nuestros pecados».

Partimos de esta realidad de transparencia de que no construimos santidad sin reconocer humildemente que somos pecadores. Es la gracia que pide san Ignacio en esta primera semana. Es aquella conocida frase de san Agustín: «Era yo un hombre tan pequeñito y ya tan gran pecador».

Decimos en la confesión de nuestros pecados que «hemos pecado mucho de pensamiento, obra y omisión...»

2. El segundo momento en que reconocemos sin paliativos que nuestra realidad de pecadores, de la que debemos partir, nos lleva a vivir como mendigos de su gracia.

Cuando el sacerdote sobre el pan y el vino pronuncia las palabras de la consagración, «tomad y comed, tomad y bebed», en el momento más sublime se reconoce que somos pecadores «tomad y bebe que esta es mi sangre, derramada por vosotros y por muchos para el perdón de los pecados... haced esto en memoria mía». No hay duda de que, en el mismo corazón de la Santa Misa, se reconoce que su derramamiento de sangre es para la salvación de nosotros que somos pecadores, pues su sangre redentora es «para el perdón de los pecados». Este segundo reconocimiento de nuestros pecados es la centralidad de la Eucaristía, fuente y culmen de la vida cristiana. Nos ayuda a una permanente conversión, porque siempre partimos de que «somos pecadores» para vivir agradeciendo tantos bienes como hemos recibido de su corazón.

3. El tercer momento donde reconocemos que somos pecadores es cuando rezamos el Padre Nuestro. Quien ora con un corazón manso y humilde, necesitado de misericordia es Aquel que «se mete a Dios en el bolsillo» y que es escuchado siempre, porque es la pobreza, el reconocerse pecador, lo que siempre conmueve y gana al corazón del Padre.

Existe en la celebración eucarística una oración que hace el sacerdote en voz baja, en secreto, cuando celebra la Eucaristía, y que es un canto de misericordia y de realismo, de confianza desde las realidades de nuestro ser pecador. A mí personalmente me ayuda mucho y me hace mucho bien antes de recibir el cuerpo y la sangre de Jesús orar diciendo:

«Señor Jesucristo, Hijo de Dios vivo, que por voluntad del Padre, cooperando el Espíritu Santo, diste con tu muerte la vida al mundo, líbrame, por la recepción de tu Cuerpo y de tu Sangre, de todas mis culpas y de todo mal. Concédeme cumplir siempre tus mandamientos y jamás permitas que me separe de ti».

Por último, todos, antes de comulgar, decimos cuando es presentado Jesús... «Este es el Cordero de Dios que quita el pecado del mundo. Dichosos los llamados, los invitados, a la mesa del Señor...». Aquí es donde toda la comunidad se acerca a la comunión con una actitud confesante del propio pecado... «No soy digno de que entres en mi casa pero una palabra tuya bastará para sanarme».

Todos somos llamados, desde la realidad de nuestros pecados y de nuestras heridas, a comulgar, cuando estamos en gracia de Dios. Desde esta premisa de que no somos dignos, pero necesitamos de su infinita misericordia, para alcanzar la santidad. Supone que se debe partir del realismo, como nos recuerda san Ignacio de Loyola, en esta primera semana, de que reconocemos que somos pecadores y que no podemos construir santidad sin la cimentación de nuestra realidad de pecadores. No existe conversión si no volvemos una y otra vez a la alegría de vivir en su Corazón. Sin partir de que somos pecadores, no llegaremos a vivir con los sentimientos del Corazón de Cristo: este es el objetivo de esta primera semana, pasar de pecado a la conversión, para vivir cantando sus misericordias.

Oración

PADRE, ACUDO A TI COMO PECADOR
Te llamo y te busco,
vuelvo al hogar de tu corazón,
después de haber vivido perdidamente
confío en ti, mis manos vacías son tuyas,
mi pasado lo dejo en tu Misericordia,
al presente la fuerza de tu Amor,
el futuro a tu Providencia, que nunca falla.
Padre,
vuelvo a ti, con el corazón en fiesta,
arrepentido y confiado,
sabiendo que tu Amor cura las heridas
y sostiene mi esperanza. Amén.

Contemplación

Lleno de verdad es lo que escribe el bienaventurado apóstol Juan; entre otras cosas, dice: «Si decimos que no tenemos pecado, nos engañamos a nosotros mismos y la verdad no habita en nosotros. En cambio, si confesamos nuestros pecados, él es fiel y justo para perdonarnos nuestros pecados y purificarnos de toda maldad». Con estas palabras nos enseñó el bienaventurado Juan, mejor, el mismo Señor Jesús, que hablaba por Juan, que nadie, absolutamente nadie, puede vivir sin pecado aquí, es decir, mientras vive en esta carne, en este cuerpo corruptible, en esta tierra, en este mundo maligno y en esta vida llena de tentaciones. La afirmación es rotunda y no necesita explicación: «Si decimos que no tenemos pecado». ¿Quién hay que carezca de pecado?

Pero el hombre fiel se acercó por la fe al lavado de la regeneración y se le perdonaron todos. Ya vive bajo la gracia, vive en la fe, se convirtió en miembro de Cristo, se hizo templo de Dios, y con todo, aun en cuanto convertido en miembro de Cristo y templo de Dios, si dijera que no tiene pecado, se engaña a sí mismo y la verdad no habita en él; más aún: miente si dice que es justo[2].

Examen de conciencia desde el Evangelio

Lectio divina (Hechos 20,31-38) (Leer todo el capítulo)

[31] *Por eso, estad alerta: acordaos de que durante tres años, de día y de noche, no he cesado de aconsejar con lágrimas en los ojos a cada uno en particular.* [32] *Ahora os encomiendo a Dios y a la palabra de su gracia, que tiene poder para construiros y haceros partícipes de la herencia con todos los santificados.* [33] *De ninguno he codiciado dinero, oro ni ropa.* [34] *Bien sabéis que estas manos han bastado para cubrir mis necesidades y las de los que están conmigo.* [35] *Siempre os he enseñado que es trabajando como se debe socorrer a los necesitados, recordando las palabras del Señor Jesús, que dijo: "Hay más dicha en dar que en recibir"».* [36] *Cuando terminó de hablar, se puso de rodillas y*

---

[2] SAN AGUSTÍN, *Sermón* 181.

oró con todos ellos. ³⁷Entonces todos comenzaron a llorar y, echándose al cuello de Pablo, lo besaban; ³⁸lo que más pena les daba de lo que había dicho era que no volverían a ver su rostro. Y lo acompañaron hasta la nave.

Meditación

San Ignacio de Loyola nos propone siempre crecer por dentro, para servir por fuera. Más que un examen de conciencia para confesarse, hacer una confesión general, que siempre es delicado, si no se hace bien porque para muchos se puede convertir en una especie de tortura, como un linchamiento contra el ejercitante.

Puede ayudar esa confesión general de todos los pecados de nuestra vida sabiendo que lo que está ya perdonado, no hace falta revolverlo. Si acaso volvemos es para ganar en arrepentimiento y estar volviendo continuamente a la casa del Padre que es el corazón del Hijo.

Este texto de los Hechos de los Apóstoles, donde se encuentra este discurso de Pablo en Mileto, dirigido a los presbíteros de Éfeso, es siempre una ayuda inmensa para todos, para profundizar en el auténtico espíritu de la primera semana de los Ejercicios Espirituales. Me atrevo a subrayar, para la meditación del tema de los pecados, que san Ignacio distingue entre los pecados de los otros (pecados de los ángeles, pecado de Adán y Eva) Gn 3 y el pecado mortal de uno solo por el que está ya condenado. Por otra parte, san Ignacio recuerda los pecados personales. Esta meditación puede ayudar y es un recorrido por nuestra vida, nuestra existencia, interiorizando nuestros pecados para ver el pecado. El único derecho que tenemos para verlos es desde la misericordia del Señor, desde sus ojos y corazón lleno de acogida y ternura. Cinco son los puntos en que insiste san Pablo, que se considera un pecador convertido. En el momento de su vida, cuando esté cerca de la muerte, entona como el cisne, un canto de Amor y Misericordia por tantas maravillas que hace el Señor. Vuelve una y otra vez a beber del Corazón del Señor, la fuente de la misericordia infinita.

1. «He estado entre vosotros»

El pastor, el creyente, se siente implicado con su comunidad, con su parroquia, con su gente.

Sólo sé que «he estado con vosotros», me conocéis y os conozco. Siempre os he acompañado. Me habéis «visto y oído». El que sigue a Jesús, sabe que no hace nada, sin contar con los que el Señor ha puesto en nuestro camino. Aquí también ha estado la realidad de nuestro ser pecador: somos pecadores. Muchas veces no hemos sido capaces de estar y permanecer con la comunidad, con la gente, que sabe de nuestras debilidades, limitaciones, pecados y que, sin embargo, cuando a pesar de todo, buscamos coherencia, la gente se fija en nosotros y reza y nos ayuda a saber que el camino de la conversión, es un camino arduo que tenemos que recorrer «a pie descalzo». Es decir, confiando y orando desde nuestra pobreza ante la «zarza ardiente» que transforma nuestra vida desde la humildad, que se hace contemplación y confianza. Sabiendo, como dice san Pablo, «que todo lo puedo en aquel que me conforta».

San Pablo dice una y otra vez en todas sus cartas, que ha caminado y ha estado «efectiva y afectivamente» en la marcha de la comunidad.

Ha caminado delante para animar e indicar por dónde debemos seguir en el camino evangélico. Ha caminado junto a todos, para acompañar, ayudar y para que la comunidad sienta siempre su cercanía y su afecto.

También ha caminado detrás para llevar en sus brazos de Buen Pastor a las ovejas perdidas, y que, cuando el camino era arduo y difícil, los más débiles y necesitados, vieran siempre cómo Pablo y cómo nosotros debemos cuidar con esmero lo más nuestro que son los pobres, los pecadores, los que se cansan con facilidad. Que todos vean la solicitud evangelizadora de una Iglesia que camina con los que están en todas las periferias y en todas las intemperies.

2. Jesucristo, lo mejor de la vida, es a quien servimos

San Pablo tiene como lema: «Soy servidor de Cristo por vosotros» (1 Cor 3,1; 1 Cor 4,1; 2 Cor 11,23).

Esta es la mirada, desde la vida, donde todos tenemos que poner nuestro corazón. Somos pecadores arrepentidos, donde nuestra misión es «vivir con los sentimientos del Corazón de Jesucristo».

El apóstol vive la pasión con Cristo y trata de alcanzarlo «ya que no soy yo quien vive, sino que es Cristo quien vive en mí». Con Cristo, por Él, con Él y en Él. No se puede profundizar en lo que significa el pecado, que llega a lo más profundo de su corazón, sin Él. Como lo dijo el Corazón de Jesús a santa Margarita María de Alacoque: «He aquí este corazón que tanto ha amado a los hombres y que en recompensa es despreciado, especialmente por almas consagradas». Consagradas por el bautismo, la vida consagrada o el sacerdocio. Son almas que me pertenecen.

3. Sirvo al Señor con llanto

Son muchas las veces que san Pablo se refiere a «las lágrimas». En este texto, y en otros muchos, a través de esta expresión de llanto, lágrimas, expresa que está implicado efectiva y afectivamente. Lo más afectivo será siempre lo más efectivo. En este buen examen de su vida que hace san Pablo, nos dice que ha sufrido mucho en su vida apostólica. No ha ahorrado nada. No ha tenido tiempo más que para entregar su vida. Se ha agotado hasta el límite por los demás. Sus lágrimas manifiestan una unión estrecha por ser fiel a Cristo y por servir hasta el «derramamiento de sangre», hasta derramar «abundantes lágrimas». Servir al Señor con «dolor, temblor y temor». Con «lágrimas» expresa que su vida ha estado siempre atravesada por su celo pastoral, por la salvación de todos. Ha servido con su amor que da la vida. Cuando tenemos en nuestra vida la pasión por Jesús y por su obra redentora, el amor personal a cada uno, por su salvación, nos lleva a derramar lágrimas por nuestros pecados y por la conversión de los demás.

4. «El Señor ha mirado la humillación de su esclava» (Lc 1,48)

He servido al Señor con toda clase de humillaciones. San Pablo habla de «humillaciones» pero creemos que se encuentra en la línea de la Virgen cuando canta el Magníficat. Habla de que el Señor ha mirado «la humillación», no solo humillaciones, sino «la humillación» de servir de rodillas. De no importar lo que digan, por donde nos conduzca la voluntad de Dios, pero que no se para con tal de vivir cantando las misericordias del Señor.

Seguir a Jesús con todas las consecuencias es apostar por hacerlo con un corazón «manso y humilde». Aceptando la «abnegación», el negarse a sí mismo, sin que nos marque por dejarlo las humillaciones, con tal de no parar una vez que se ha tomado la determinación que dice santa Teresa de Jesús, de no «mirar para atrás» y saber que, como decía san Pablo en la carta a los Romanos 8, «nada ni nadie nos podrá arrebatar el Amor de Jesús». Sabiendo que el estilo de seguir a Jesús para siempre es con un corazón «manso y humilde» como nos enseñó Jesús.

5. A la tarde, nos examinarán en el Amor

La regla de oro del servicio, como decía san Juan de la Cruz, es la caridad. San Pablo, al mirar su vida desde que el Señor le llamó a su servicio y en un largo aprendizaje expresado en este texto, al mirar su vida, vuelve a aterrizar el himno a la caridad que cantó en su estancia el apóstol de los gentiles: «la caridad no tiene límites, espera todo, todo lo soporta... la caridad sin límites, todo lo espera, todo lo puede, todo lo soporta» (1 Cor 13).

Al terminar esta primera semana de Ejercicios, san Ignacio propone un diálogo con el crucificado ¿Qué he hecho por Cristo? ¿Qué ha hecho por amor a mí? En estos momentos, delante de Cristo crucificado, hacemos ese examen de conciencia en el Amor: «A la caída de la tarde, nos examinarán en el Amor». Recordando también nuestra vida de seguimiento, la primera semana de pecado y conversión nos ayuda a terminar viviendo nuestra vida desde la caridad, desde un amor que se hace entrega a Jesús, por Cristo con Él y en Él, y que nos lleva a «dar la vida», porque «nadie tiene amor más grande que el que da la vida por sus amigos».

Oración

Señor, hazme un instrumento de tu paz:
donde haya odio, ponga yo amor,
donde haya ofensa, ponga yo perdón,
donde haya discordia, ponga yo armonía,
donde hay error, ponga yo verdad,
donde haya duda, ponga yo la fe,
donde haya desesperación, ponga yo esperanza,
donde haya tinieblas, ponga yo la luz,
donde haya tristeza, ponga yo alegría.
Oh, Señor, que no me empeñe tanto
en ser consolado como en consolar,
en ser comprendido, como en comprender,
en ser amado, como en amar;
porque dando se recibe, olvidando se encuentra,
perdonando se es perdonado,
muriendo se resucita a la vida. Amén.

Contemplación

¡Si comprendiéramos bien lo que significa ser un hijo de Dios, no podríamos hacer el mal (...) ser hijos de Dios, oh la bella dignidad!

La misericordia de Dios es como un arroyo desbordado. Arrastra los corazones cuando pasa.

No es el pecador el que vuelve a Dios para pedirle perdón, es Dios que corre detrás del pecador y lo hace volver a Él.

Demos entonces esta alegría a este Padre bueno: volvamos a Él... y seremos felices.

El buen Dios siempre está dispuesto a recibirnos. ¡Su paciencia nos espera!

Hay quienes se dirigen al Eterno Padre con un corazón duro. ¡Oh, cómo se equivocan! El Eterno Padre, para desarmar su justicia, ha dado a su Hijo un corazón excesivamente bueno: no se da lo que no se tiene...

Hay quienes dicen: «Hice demasiado mal, el Buen Dios no puede perdonarme». Se trata de una gran blasfemia. Equivale a poner un límite a la misericordia de Dios, que no tiene: es infinita.

Nuestros errores son granos de arena al lado de la gran montaña de la misericordia de Dios.

Cuando el sacerdote da la absolución es necesario pensar sólo en una cosa: que la sangre del buen Dios se derrama sobre nuestra alma para lavarla, purificarla y hacerla tan bella como lo era después del bautismo.

El buen Dios, en el momento de la absolución, carga en sus espaldas con nuestros pecados, es decir se olvida, los cancela: no reaparecerán jamás.

No se hablará nunca más de los pecados perdonados. ¡Han sido cancelados, ya no existen![3]

---

[3] SANTO CURA DE ARS, *Frases del sobre la Misericordia y el sacramento del perdón.*

IV. Segunda semana

Seguimiento de Cristo

Se hizo hombre y acampó y vivió entre nosotros.

Es la semana más larga de los ejercicios espirituales ignacianos. Abarca desde la Encarnación del Verbo hasta la entrada triunfal en Jerusalén. La gracia que se pide es conocimiento interno de Jesús para más amarle y más seguirle. La elección tiene lugar en esta semana. Es el objetivo de los ejercicios: buscar y hallar la voluntad de Dios en nuestra vida para seguirle. Para los que ya han hecho elección de estado de vida es la semana de la reforma de la vida: volver al amor primero.

1. La llamada del Rey eterno y el seguimiento a Jesús a vivir conmigo

1. Lo esencial de la parábola del rey temporal

— *Mirar y considerar* que ya hemos sido llamados *(«te necesito»);* se pide gracia para *«no ser sordo a su llamamiento, sino presto y diligente para cumplirlo».*

— El llamamiento es para *«venir y trabajar conmigo».* Para todas las circunstancias *(trabajos y victoria)* el equipo somos dos. Invitación de Él que pide respuesta.

— A Ignacio le parece que la respuesta ha de ser con pasión (dejarse *afectar más),* no sólo con sensatez. Por eso, ofrece un texto de entrega apasionada por encima de las satisfacciones sensibles y sin buscar la honra y gloria de este mundo: *«Eterno Señor de todas las cosas...»* [98].

— El seguimiento real implica asumir su estilo y sus valores *(«injurias, vituperios y pobreza»)*, por deseo de identificación y de ir con Él *(«contigo y como tú»)*.

— Sin voluntarismos, como un regalo «que se pide conscientemente *(determinación deliberada* de pedirlo) poniéndome en manos de Dios» *(«queriéndome vuestra santísima majestad elegir y recibir en tal vida y estado»)*.

2. La contemplación de la Encarnación (Lc 1,26-38)

— *Trayendo la historia de la cosa que tengo que contemplar,* ayudándome de la imaginación pero sin apoyarme demasiado en ella (sólo al inicio, para fijar la atención).

— Pidiendo «*conocimiento interno del Señor, que por mí se ha hecho hombre, para que más le ame y le siga»;* empaparse de «la música que oye por dentro Jesús», «lo que le pega».

— No pretender discurrir ni controlar lo que se aprende, sino *reflectir* (=dejar que se refleje en *mí,* que me empape) *para sacar algún provecho* (indeterminado, el que Dios quiera).

1. *«Ver, oír y mirar»* un mundo lleno de gente *«en tanta diversidad»* e insolidaridades: una realidad llena de clamores y de injusticias, «vejados y abatidos como ovejas sin pastor» (Mt 9,36); la imagen de una tarea superior a nuestras fuerzas, que nos desborda y casi nos acobarda: un mundo sin posibilidad de arreglo... nuestro.

2. *«Ver y considerar»* a las *tres personas divinas* afectadas por esa situación porque «*han escuchado el clamor de los que sufren»* (Ex 3,7) y no son nada insensibles a esas lágrimas.

— Aprender de la mirada de la Trinidad: ellos no ven diversidad; sólo ven que los hombres están «*en tanta ceguedad, y cómo mueren y descienden al infierno».*

— Oírles decir: «¡*Hagamos redención del género humanar*», ¡tenemos arreglo!

3. «*Mirar*» cómo el ángel *hace su oficio de legado* de un proyecto divino descabellado y escandaloso: nacerá un niño, predicará sin poder, en pobreza, por los caminos de Galilea...

— María, «*humillándose y dando gracias*», no entiende..., pero se fía. Tampoco los discípulos entendieron muchas cosas (Lc 2,50; 9,45; 18,34); el seguimiento es confianza.

4. «*Hacer un coloquio*» con «*las tres personas divinas o con el Verbo eterno encarnado o con la Madre y Señora nuestra...*», pidiendo los sentimientos que nos broten «*para más seguir e imitar al Señor nuestro...*»

3. La contemplación del Nacimiento y vida en Nazaret (Lc 2)

— «Todo el Evangelio está en Nazaret»; al final de la vida siempre vuelve Nazaret.

2. Las meditaciones ignacianas: banderas, binarios y maneras de humildad

El objetivo es prepararnos para la «elección» o hacer posible nuestra *reforma de vida (*«*porque piense cada uno que tanto se aprovechará en todas cosas espirituales, cuanto saliere de su propio amor, querer e interés*» [189]). Por su carácter directivo *(*«*considerar y advertir*»), son meditaciones.

1. La parábola de las «dos banderas»

Quiere ser una advertencia directa sobre el estilo o el camino de Jesús *(*«*la vida verdadera*»), aparentemente menos atractivo que el camino dictado por nuestro «*propio amor,* *querer e interés»* (el camino del «*mortal enemigo de nuestra natura humana»,* que termina en «*crecida soberbia»).*

No se escenifica una lucha de buenos y malos, sino una batalla frontal dentro de cada uno de nosotros *(«no dejando provincias, lugares, estados ni personas algunas en particular»).* Se nos propone pedir ser lúcidos frente a los *engaños* y las falsas promesas del propio Yo (defendernos de su «publicidad engañosa») y «*gracia para imitar la vida verdadera».* Se pide de nuevo con los tres coloquios *(«que yo sea recibido...»).* Parábola inspirada en las tentaciones de Jesús y las bienaventuranzas (Mt 4-5): el origen de los males está en la «*codicia de riquezas».* Bajo ese término se quiere expresar el haber puesto el corazón en aquellos bienes que nos dan seguridad y poder sobre otras personas. Entonces nos encadenan *(«redes y cadenas»)* y nos pierden (porque nos llevan a «*vano honor del mundo y después a crecida soberbia»).* Se pide el camino opuesto *(«pobreza e injurias»)* «*por imitarle»* a Él *(«si me quisiere elegir y recibir»).*

2. La parábola de los «tres binarios»

Es un complemento de «las banderas» para desenmascarar nuestras autojustificaciones y pedir al Señor que nos libere de ellas. Como un «test de autenticidad» que debe hacerse *delante de Dios nuestro Señor y de todos sus santos».* Se concluye pidiendo, de nuevo con los tres coloquios, la libertad que me falta.

Como en muchos cuentos, se personifica en tres personas diferentes nuestras respuestas habituales: 1ª) «Sí a lo que Dios me pida, pero hoy no»; 2ª) «Sí, pero seguro que eso no me lo pide; así no»; 3ª) «Lo que Dios me pida, sí, ya». Sólo esta 3ª da libertad.

Cuando uno cae en la cuenta de que le falta libertad, *«pedir que él quiere, pide y suplica»* que el Señor le quite lo que le está atando, *«aunque sea contra la carne»* [157].

3. La consideración de las «tres maneras de humildad» (o grados de amor)

Es otro complemento para asegurar la libertad *(=«afectarse a la verdadera doctrina»)* *antes de entrar en las elecciones o reforma.* No es un examen de *mi* situación, sino un preguntarse por mis deseos («¿cuánto quieres querer?»). La humildad como forma de *disponer el alma* para recibir el amor [108]; contrapunto de la soberbia [50] [146].

La 1ª manera es una relación con Dios centrada en lo moral: *cumplir* en todo. No hay apoyo en el amor recibido. Mentalidad de «asalariado», cumplidor de mandamientos.

La 2ª manera ya admite discernimiento, pero sin pasión, ni «perder la cabeza». Es un amor contenido, que no admite sorpresas porque ha guardado parcelas para *mi* Yo.

La 3ª manera es un «amor con locura», que responde al amor de Dios como Único absoluto de la vida: *«contigo y como tú»*, pero con un realismo constatable *(«incluyendo la primera y la segunda»).* San Ignacio propone pedir con los tres coloquios *«que el Señor le quiera elegir en esta tercera mayor y mejor humildad para más le imitar y servir»* [168].

3. Estamos subiendo a Jerusalén

La *reforma de vida* (o en su caso, la *elección)* sólo se propone y aborda en Ejercicios *«juntamente contemplando la vida de Jesús»* [135] y nunca al margen de su búsqueda sincera [169]. Se lleva a la oración también con los tres coloquios [199].

Se propone *contemplar* más y más escenas de la vida de Jesús (en el triunfo y en el fracaso, entre amigos y entre gente que le odia, aplaudido y amenazado, con multitudes y en soledad), pidiendo *«conocimiento interno del Señor para más amarle y seguirle»* [104]. Sólo así puede mantenerse la pregunta: ¿Qué quieres de mí, Señor?, sin ideologizarla con respuestas nacidas sólo del *propio amor, querer e interés* [189].

En el enfrentamiento con los fariseos y letrados por el *sábado* y el *templo* (=la Ley convertida en rígida estructura sin misericordia), Jesús se ganó a pulso su condena. Advertido una y otra vez por aquéllos, y avisado con alarma por sus propios discípulos, Jesús no varió su actitud. Un día tomó la determinación de subir a Jerusalén (su «*hora*»).

1. La resurrección de Lázaro (Jn 11)

Está presentada como la fidelidad de Jesús a un amigo que necesita que le den vida. Los tres hermanos tienen la conciencia muy clara de que Jesús les ama y no les puede fallar. Jesús no duda en ir a Betania. Los discípulos entienden que eso es el final y le acompañan muertos de miedo (*«iba subiendo a Jerusalén y les tomaba la delantera y los que le seguían iban asustados»*, Mc 10,32).

— Marta y María: «*Señor, si hubieras estado aquí...*» (los discípulos lo dirán el Viernes Santo).

— Jesús, llorando, contesta: «la muerte no es la última palabra; ¡confiad en el Padre!».

— *«Padre, te doy gracias porque me has escuchado...»;* le había pedido una señal al Padre y ahora la recibe con toda claridad... La subida a Jerusalén es para dar vida, aunque Él reciba muerte; los sumos sacerdotes deciden matarlo.

2. La unción en Betania (Jn 12,1-11)

Está presentada como una profecía de María sobre la muerte de Jesús; aceptada por Él, pese a la fuerte protesta de Judas (y los demás), que se escudan en argumentos aparentes para no aceptar el plan del Padre...

— Judas toma la determinación de vender a Jesús (Mt 26,14-16). Jesús decide entrar solemnemente en Jerusalén («la suya fue una muerte voluntariamente aceptada»).

3. La entrada en la ciudad (Jn 12,12-50)

En un contexto de complot terminado, es vivida por Jesús como obediencia al Padre *(«¡si para esto he venido! ¡Padre, glorifica tu nombre!... yo sé que este encargo suyo significa vida eterna»).* Los fariseos le condenan; los sencillos le aclaman; los gentiles le buscan; incluso algunos sacerdotes creen en Él.

4. La predicación en el templo [288]

«Enseñaba todos los días en el templo» (Lc 19,47; 21,37) y *«se retiraba por la noche a Betania»* (Mc 11,11.19; Mt 21,17).

a) El viaje de Betania a Jerusalén: miedo y desgana en los discípulos; Jesús abierto a una última esperanza de ser escuchado; es que *«todo el pueblo madrugaba para ir donde Él y escucharle»* (Lc 21,38); la alegría del escriba y de la viuda (Mc 12)...

b) La vuelta de Jerusalén a Betania: amenazado y despreciado *«no le recibían»...;* los discípulos le preguntarían: —¿Mañana qué?, —¿Mañana?; ¡Al templo! —¿Por qué? ¿Es que te gusta que te insulten y te amenacen de esa manera...?

Pedirle al Espíritu que nos descubra lo que llevaría Jesús «por dentro»...

Seguir a Jesús (La Transfiguración)

Lectio divina (Mt 17,1-8)

¹Seis días más tarde, Jesús tomó consigo a Pedro, a Santiago y a su hermano Juan, y subió con ellos aparte a un monte alto. ²*Se transfiguró delante de ellos, y su rostro resplandecía como el sol, y sus vestidos se volvieron blancos como la luz.* ³*De repente se les aparecieron Moisés y Elías conversando con él.* ⁴*Pedro, entonces, tomó la palabra y dijo a Jesús: «Señor, ¡qué bueno es que estemos aquí! Si quieres, haré tres tiendas: una para ti, otra para Moisés y otra para Elías».* ⁵*Todavía estaba hablando cuando una nube luminosa los cubrió con su sombra y una voz desde la nube decía: «Este es mi Hijo, el amado, en quien me complazco. Escuchadlo».* ⁶*Al oírlo, los discípulos cayeron de bruces, llenos de espanto.* ⁷*Jesús se acercó y, tocándolos, les dijo: «Levantaos, no temáis».* ⁸*Al alzar los ojos, no vieron a nadie más que a Jesús, solo.*

Meditación

Jesús sube al monte de la contemplación para después bajar al valle de la desfiguración, donde nuestros hermanos sufren y viven sin ninguna esperanza. Según la tradición se ha identificado este monte con el monte Tabor, así recuerda algún salmo: «El Tabor y el Hermón aclaman tu nombre», son los dos grandes montes de Tierra Santa. Aquí «subiendo a Jerusalén» se encuentra desde la Galilea de los gentiles con este monte alto.

1. Jesús sube con los íntimos Pedro, Santiago y Juan

Existe la llamada a seguir a Jesús por los caminos de la vida. Es una llamada a una intimidad en el monte de la contemplación para seguir bajando al camino de la cruz y de la resurrección. Subimos para bajar y bajamos para subir. Es la ley del evangelio, crecer por dentro para servir por fuera.

Allí en el monte alto aparecen Moisés y Elías conversando con Cristo. Moisés representa la Ley y Elías el carisma, Ley y vida se unen dialogando con Jesús y se nos habla de nuestra profunda vocación, de mandamientos y vida mística, que dialogando con Cristo, nos lleva a decir lo que dice Pedro: «¡Qué bien se está contigo aquí!». El comentario bellísimo que tiene san Juan Pablo II, en *Vita Consecrata*, nos indica que desde aquí se inicia en la Iglesia y así lo reconoce Oriente y Occidente, el seguimiento de Jesús, la vida consagrada. Mientras no tengamos este encuentro personal con Jesús y digamos «qué bueno es estarse contigo aquí» no ha comenzado la verdadera historia de nuestra vocación de seguimiento de Cristo.

2. Aquí descubrimos nuestra profunda identidad. Amados, en quienes Dios se complace, escuchadle.

En la contemplación del Corazón traspasado de Jesús, descubrimos nuestra profunda identidad de seguimiento de Cristo.

Allí se escucha la voz del Padre, que dice del Verbo encarnado y, con la nube que lo cubre, como imagen del Espíritu Santo. Por tanto, es una teofanía, una revelación de la Trinidad, Padre, Hijo y Espíritu Santo. Nos dice: «Este es mi hijo muy amado, en quien me complazco, escuchadle». Es necesario en el seguimiento de Jesús, descubrir nuestra profunda identidad, somos hijos amados, el Señor se complace en cada uno de nosotros y vivimos la alegría de que nuestra vida está determinada por la escucha de la Palabra de Dios.

Somos hijos amados. El Señor nos quiere. Es nuestra profunda identidad. Cuando bautizo a un niño siempre pregunto a los padres por su nombre, pero enseguida les explico su verdadero nombre: este niño es el amado, esta niña es la amada de Dios. Nunca debe perder esta profunda identidad. Nuestra vida debe estar marcada por su Amor incondicional. También sabemos que el Señor se complace en cada uno de nosotros. Con nuestros pecados y miserias no puede dejar de complacerse en nosotros que nos creó y más admirablemente aún nos redimió (2º, 3º y 4º semana).

Al final la voz del Padre nos invita a que nuestra vida esté determinada por la escucha de su Palabra. «Escuchadle». Llama la atención que Jesús en esos momentos no dice nada. Hablará cuando bajando del monte de la contemplación y en el valle de la desfiguración se encuentre con aquel endemoniado epiléptico que solo sanará plenamente con oración y ayuno.

3. Seguir hasta la cruz y la resurrección

Jesús, después de subir con sus íntimos, sigue hacia Jerusalén. El seguimiento de la voluntad del Padre hay que cumplirlo y llega hasta el final. En el fondo, esta meditación nos lleva a aquel principio ignaciano que dice que seguir a Jesús hasta el final se resume en estas palabras: «contigo Señor y como tú».

Así lo hemos vivido en la primera meditación de esta segunda semana, con la parábola del seguimiento del Rey eterno, con la imagen de un rey temporal. En esta meditación se recogen todas las claves que son necesarias para seguir adelante y no pararse en nada. Es lo que santa Teresa de Jesús llama «determinada determinación» de no parar, ni quedarse en la cuneta de los caminos, sino llegar hasta el final, con tal de que se cumpla la voluntad de Dios que tanto nos cansa. No pararse. De la contemplación a la vida. Del monte al valle. De orar hasta llegar a la cruz, vivido ese amor «hasta el extremo», hasta dar la vida.

Oración

Hazme Señor,
vidriera que deja pasar la luz de tu Corazón.
Que mi vida no sea opaca.
Señor, que sea capaz
de ser sal de la tierra
Y luz del mundo,
para transmitir a todos el Amor del Padre.
Amén

Contemplación

«Este episodio va unido a lo que había ocurrido seis días antes, cuando Jesús había revelado a sus discípulos que en Jerusalén iba a "sufrir mucho, a ser rechazado por los ancianos, por los jefes de los sacerdotes y los escribas, asesinado y, tres días después, resucitar"».

Aquel anunció de la Pasión y Resurrección «había sumido en crisis a Pedro y a todo el grupo de los discípulos, que rechazaban la idea de que Jesús pudiera ser rechazado por los jefes del pueblo y asesinado».

De hecho, «ellos esperaban a un Mesías poderoso y dominador. En cambio, Jesús se presenta como un humilde y manso siervo de Dios y de los hombres, que iba a dar su vida en sacrificio, avanzando por el camino de la persecución, del sufrimiento y de la muerte».

«¿Cómo se puede seguir a un Maestro y Mesías cuya vida terrenal va a terminar así? La respuesta llega en la transfiguración: una aparición pascual anticipada».

El Evangelio narra cómo «Jesús se lleva consigo a tres discípulos, Pedro, Santiago y Juan, y "los conduce a lo alto de un monte"; y allí, por un momento, muestra toda su gloria, la gloria del Hijo de Dios. Este acontecimiento de la transfiguración permite, de ese modo, a sus discípulos afrontar la pasión de Jesús de una manera positiva, sin quedar abrumados».

«La transfiguración ayuda a los discípulos, y también a nosotros, a comprender que la pasión de Cristo es un misterio de sufrimiento, pero, sobre todo, un regalo de amor infinito por parte de Jesús».

El acontecimiento protagonizado por Jesús, que se transfigura sobre el monte, «nos hace comprender mejor también su resurrección. Si antes de la Pasión no se nos hubiera mostrado la transfiguración con la declaración por parte de Dios, "Este es mi hijo amado", la Resurrección y el misterio pascual de Jesús no habría sido fácilmente comprensible en toda su profundidad».

«De hecho, para comprenderlo, es necesario saber con anterioridad que aquel que sufre y que es glorificado no es solamente un hombre, sino que es el Hijo de Dios, que, con su amor fiel hasta la muerte, nos ha salvado».

De esta manera, «el Padre renueva su declaración mesiánica sobre su hijo realizada en el río Jordán el día del bautismo, y exhorta: "¡Escuchadlo!". Los discípulos son llamados a seguir al Maestro con confianza y esperanza, incluso en el momento de su muerte».

La divinidad de Jesús «se manifiesta incluso sobre la Cruz, incluso en aquel modo de morir. Tanto es así que el evangelista Marcos pone sobre la boca del centurión la profesión de fe: "¡Realmente este hombre era Hijo de Dios!"».

«Esta revelación de la divinidad de Jesús tuvo lugar en el monte, que en la Biblia es el lugar emblemático donde Dios se muestra al hombre. Es necesario, especialmente en el tiempo de Cuaresma, subir con Jesús al monte y detenerse con Él, prestar mayor atención a la voz de Dios y dejarse envolver y transformar por el Espíritu»[1].

Seguir a Jesús: el Buen Samaritano

Lectio Divina (Lc 10,29-36)

[29] *Pero el maestro de la ley, queriendo justificarse, dijo a Jesús: «¿Y quién es mi prójimo?».* [30] *Respondió Jesús diciendo: «Un hombre bajaba de Jerusalén a Jericó, cayó en manos de unos bandidos, que lo desnudaron, lo molieron a palos y se marcharon, dejándolo medio muerto.* [31] *Por casualidad, un sacerdote bajaba por aquel camino y, al verlo, dio un rodeo y pasó de largo.* [32] *Y lo mismo hizo un levita*

---

[1] Francisco, *Ángelus*, 25 de febrero de 2018.

que llegó a aquel sitio: al verlo dio un rodeo y pasó de largo. [33]Pero un samaritano que iba de viaje llegó adonde estaba él y, al verlo, se compadeció, [34]y acercándose, le vendó las heridas, echándoles aceite y vino, y, montándolo en su propia cabalgadura, lo llevó a una posada y lo cuidó. [35]Al día siguiente, sacando dos denarios, se los dio al posadero y le dijo: «Cuida de él, y lo que gastes de más yo te lo pagaré cuando vuelva». [36]¿Cuál de estos tres te parece que ha sido prójimo del que cayó en manos de los bandidos.

Meditación

Seguir a Jesús, seguir «con los sentimientos del Corazón de Jesucristo», para crecer por dentro para servir por fuera, nos ayuda con esta meditación del Buen Samaritano a profundizar en lo que significa nuestra vocación. Ser llamados significa ser amados. Nuestra vida tiene que ser el objetivo de los Ejercicios Espirituales, buscar y hallar la voluntad de Dios, para seguirle y ser buen samaritano en el camino de los heridos de la vida. Esta semana es de elección y reforma para vivir las consecuencias del Evangelios con toda coherencia.

Aparece en la parábola que Jesús contesta a todo lo que le preguntan: ¿Y que es un prójimo? Y contesta con esta parábola, ven y lo verás. Parte presentando la vida como un camino que recorremos todos, de Jerusalén a Jericó. Es un camino que recorremos todos. Jerusalén es nuestro origen en Dios y Jericó es el mundo. Jesús ha recorrido y ha sufrido este camino hasta ser despojado, apaleado y matado. También lo hemos recorrido cada uno de nosotros con tantos malestares y sufrimientos y despojados en el camino de la vida.

También este camino lo ha recorrido cada ser humano, que en el camino de la vida, vive tantas experiencias de dolor y abandono.

1. Ante la panorámica que presenta Jesús en la parábola hay tres personas que pasan cerca del hombre herido en el camino de la vida.

El primero es el sacerdote del Antiguo Testamento, que conoce a fondo la Ley del Levítico, que era muy exigente con los sacerdotes: por tocar un cadáver quedaban impuros. ¿Qué hace? Se aleja. No se acerca. No se complica la vida. Pasa de largo y, mirando hacia otro lado, se aleja. La segunda persona es un levita que representa al hombre de bien, la persona que conoce las leyes civiles oficiales. No se fía de lo que ocurre en el camino de la vida. Ante el hombre herido de muerte, prefiere también mirar para otro lado, pensando que puede ser un «simulacro» y le pueden echar la culpa a él al no haber testigos. Por tanto, tampoco su caridad da para más. Se aleja y piensa que es más prudente no actuar y dejar al hombre tendido y abandonado en el camino.

El último personaje es un samaritano. Representa al hombre de la periferia y de la intemperie. Trayendo a la memoria a la samaritana recordamos que le recuerda a Jesús su condición de judío, es racista. También es cismático en el culto, no adora en el Templo de Jerusalén, sino que ha roto y da culto en su monte de Gerizim.

Ante el hombre herido de muerte, el buen samaritano va a encarnar el corazón infinitamente bueno de Jesús que implica tres actitudes que deben caracterizar con todas las consecuencias el seguimiento de Jesús.

2. Acercamiento y acogida

Los demás se alejan y el samaritano se acerca y acoge a cada persona, tal como se encuentra, sin edulcorantes ni paliativos, en el camino de la vida. Se acerca y se conmueve. Sabiendo que la caridad es imposible sin acercarse, conmoverse y «mancharse las manos», no el corazón, con tal de no dejar tirado en el camino a toda persona, a todos los heridos en el camino de la vida.

Por eso, en el proceso para seguir hasta el final en la voluntad del Padre, es necesario tener los ojos abiertos en el camino de la vida, acercarse y conmoverse, compartir los gozos, sufrimientos y esperanzas de la vida, con todos aquellos que viven tirados, marginados, por los suelos, en todos los que viven en todas las periferias existenciales y geográficas y que viven en los márgenes de la vida. No hay seguimiento de Jesús que no lleve a mirar con compasión a toda la humanidad que vive en todos los márgenes y en situaciones de despojo, de dolor y de muerte en el camino de la vida.

3. Amar y cuidar

El buen samaritano se *implica:* primero, acercándose y conmoviéndose; después se *complica* la vida ante una situación que le desborda, pero que afronta desde un amor que da la vida. Por último todo se *simplifica*; quizás no se soluciona el problema, puede haber problemas que no tengan solución, pero la solución es que se puede afrontar amando y cuidando a la persona que se encuentra herida de pecado, de grandes sufrimientos, de una vida sin esperanza.

Cuando en el evangelio se repite dos veces tan seguidas una actitud del corazón es que destaca una clave muy importante. Aquí sí «cuida de él». Dos veces «cuidó de él», del hombre caído en el camino de la vida. Significa que nuestra vida de seguimiento de Cristo implica esto, cuida de él con amor. Por tanto, en nuestra vida estamos llamados a amar y a cuidar. Para ello tenemos que sentirnos amados y cuidados por el Señor, por la Iglesia, por nuestra comunidad. Esta es la clave de la máxima felicidad que se puede alcanzar en esta vida, saber y experimentarse amados y cuidados como nos recuerda esta parábola del Buen Samaritano. Seguir a Jesús es sentirse cuidado y amado, para cuidar y amar, si queremos ser buen samaritano en el camino de la vida.

La experiencia humana nos dice que un niño solo es feliz si se siente cuidado y amado. Si solo capta que se le quiere, pero que a la hora de la verdad no se le cuida, experimenta que le falta algo. Si se siente cuidado pero nadie le dice y actúa con gestos concretos de cariño, de un amor concreto y real, también notaría que le falta algo.

Seguir a Jesús y caminar por sus sendas es que no podemos vivir sana y santamente sin que experimentemos sentirnos amados y cuidados para luego cuidar y amar.

4. ¿Cómo nos cuida, nos ama y nos sana el Señor en clave samaritana?

La moraleja de la parábola del Buen Samaritano es la misión del que sigue a Jesús, como una identificación con los sentimientos del Corazón de Cristo. Quien está herido hiere, quien está curado, cura, quien vive el gozo de ser salvado, evangeliza. Es necesario saber que el Señor nos ama con su misericordia, con los sacramentos, la Eucaristía, y «arrojo en sus heridas aceite y vino» y siempre acompañado y llevándolo a «la posada», a la casa de la Misericordia que debe ser la Iglesia, el hogar, la casa común que acoge a todos los que viven sufriendo inmensamente en el camino de la vida que nos lleva al gozo y a la alegría del Bautizado.

Oración

Señor, Corazón Bueno de Jesús,
hazme buen samaritano como tú,
capaz de detenerme ante los heridos de la vida.
Siempre atento a todos los que en el camino de la vida,
necesitan de tu buen corazón.

Contemplación

En verdad es justo darte gracias
y deber nuestro alabarte,

Padre santo, Dios todopoderoso y eterno,
en todos los momentos y circunstancias de la vida,
en la salud y en la enfermedad,
en el sufrimiento y en el gozo,
por tu siervo, Jesús, nuestro Redentor.

Porque él, en su vida terrena, pasó haciendo el bien
y curando a los oprimidos por el mal.

También hoy, como buen samaritano,
se acerca a todo hombre
que sufre en su cuerpo o en su espíritu,
y cura sus heridas con el aceite del consuelo
y el vino de la esperanza.

Por este don de tu gracia,
incluso cuando nos vemos sumergidos en la noche
del dolor,
vislumbramos la luz pascual
en tu Hijo, muerto y resucitado[2].

Seguir a Jesús: No tienen el vino de la alegría. Las bodas de Caná

Lectio divina (Jn 2,1-11)

[1]*A los tres días había una boda en Caná de Galilea, y la madre de Jesús estaba allí.* [2]*Jesús y sus discípulos estaban también invitados a la boda.* [3]*Faltó el vino, y la madre de Jesús le dice: «No tienen vino».* [4]*Jesús le dice: «Mujer, ¿qué tengo yo que ver contigo? Todavía no ha llegado mi hora».* [5]*Su madre dice a los sirvientes: «Haced lo que él os diga».* [6]*Había allí colocadas seis tinajas de piedra, para las purificaciones de los judíos, de unos cien litros cada una.* [7]*Jesús les dice: «Llenad las tinajas de agua». Y las llenaron hasta arriba.* [8]*Entonces les dice: «Sacad ahora y llevadlo al mayordomo». Ellos se lo llevaron.* [9]*El mayordomo*

---

[2] MISAL ROMANO, *Prefacio común VIII: Jesús Buen Samaritano.*

probó el agua convertida en vino sin saber de dónde venía (los sirvientes sí lo sabían, pues habían sacado el agua), y entonces llama al esposo ¹⁰y le dice: «Todo el mundo pone primero el vino bueno y, cuando ya están bebidos, el peor; tú, en cambio, has guardado el vino bueno hasta ahora». ¹¹Este fue el primero de los signos que Jesús realizó en Caná de Galilea; así manifestó su gloria y sus discípulos creyeron en él.

Meditación

En esta segunda semana de elección, de seguimiento de Jesucristo, el objetivo de todas las meditaciones es el «conocimiento interno de Jesús para más amarlo y más seguirle».

En esta semana, tiene un protagonismo central María por ser clave en la encarnación, en la Navidad, en la vida de Nazaret, incluso en el inicio de la vida pública, como en Caná. No es el centro del cristianismo, que es Jesús, pero es central, porque el sí de María es, como decía san Juan Pablo II, la «puerta de entrada del Redentor en el mundo».

El texto de las bodas de Caná ha sido la puerta de entrada de Jesús en la vida pública. Es la presentación de Jesús, que quiere comenzar su vida en una boda, en las alegrías humanas, en lo más gozoso de la vida, una boda. Todo el evangelio es una invitación a las bodas del Cordero. Así se expresa en la Encarnación donde se celebra la unión, los desposorios entre la divinidad y la humanidad.

Tres actitudes de la Madre de Dios nos interpelan.

1. María es contemplativa en la acción

Mejor, es una mujer orante, la mujer del sí, que vive todo en la vida desde su corazón de Madre. Allí todos tienen mucho que hacer, los que sirven en las mesas, la familia de los novios, los que animan la boda con la música y en medio de su pueblo, de la gente se encuentra María, que contempla la escena con un corazón contemplativo y orante. Desde su dimensión contemplativa se da cuenta de lo que falta en aquella boda y en la vida. Solo los contemplativos son capaces de descubrir lo que falta a nuestra tierra, si falta «el vino» de la esperanza, de la alegría, del amor.

En la *Historia de un alma,* santa Teresita de Lisieux recuerda que con solo seis años ya veía ella semillas de vida contemplativa. Dice que cuando sus padres la llevaban al parque, ella contemplaba, apoyada en un árbol, las escenas de los que estaban en el parque. Era una mirada de conjunto. Así es la dimensión contemplativa de María, que en las bodas de Caná, apoyándose en el árbol de la contemplación, se da cuenta que el vino se acaba y que «no tienen vino».

2. La intrepidez de la Madre de Dios

En las Misas de la Virgen, en dos prefacios aparece esta idea de que María es intrépida en los caminos del Espíritu. ¿De dónde brota su integridad, su osadía? De su confianza plena en su Hijo. No hay seguimiento de Jesús sin confianza.

La Virgen no se queda cruzada de brazos. La mayor calumnia que se puede hacer a los orantes contemplativos es que no valen para nada porque no inciden en la vida. ¿Que no tienen incidencia en la vida? Que se lo pregunten a María en Caná. Ella busca la solución en Jesús. Todo se soluciona acudiendo al Señor de la vida, que está presente en el corazón de la vida y que no está al margen de nuestras necesidades materiales y espirituales.

3. Haced lo que Él os diga

Es el testamento espiritual de María, ya no dirá más. Con estas breves, concisas y precisas palabras lo ha dicho todo. «Haced lo que el os diga». Es una fórmula que ya está en la Biblia. Cuando la carestía de Egipto, los hermanos de José van a ver al faraón y les dice: «Id a José, y haced lo que él os diga» (Gn 33). Palabras de total confianza. Aquí aparece la clave del contemplativo: la persona intrépida es la que dice y vive toda la vida de seguimiento de Jesús, como María: «Haced lo que Él os diga».

María llega a Caná como Madre y sale como discípula. Jesús la llama a que realice su camino de discípula. Sin dejar el papel de Madre, sale de Caná convertida en discípula para llegar junto a la cruz (Jn 19) como discípula. Allí Cristo la proclama desde la cruz como Madre. Mira es tu Hijo, mira es tu Madre. Ahora junto a la cruz, María es Madre de Dios y Madre de todos los hombres. Es una llamada a vivir con María el seguimiento de Jesús, a llegar hasta el final. «Haced lo que os diga» será siempre la actitud del que sigue a Jesús con todas las consecuencias.

Oración

>   Madre Buena,
>   atenta en el camino de la vida,
>   a todos los sufrimientos el corazón humano,
>   cuando nos falta el vino nuevo,
>   el vino de la esperanza y la alegría,
>   acompaña nuestros pasos cansados
>   como Mujer, Madre y Amiga,
>   manténte a nuestro lado,
>   pues necesitamos tu ternura,
>   y que nos lleves a Jesús
>   la fuente verdadera de la vida.
>   Amén.

Contemplación

1. El significado y el papel que asume la presencia de la Virgen se manifiesta cuando falta el vino. Ella, como experta y solícita ama de casa, inmediatamente se da cuenta e interviene para que no decaiga la alegría de todos y, en primer lugar, para ayudar a los esposos en su dificultad. Dirigiéndose a Jesús con las palabras: «No tienen vino»

(Jn 2,3), María le expresa su preocupación por esa situación, esperando una intervención que la resuelva. Más precisamente, según algunos exegetas, la Madre espera un signo extraordinario, dado que Jesús no disponía de vino.

2. La opción de María, que habría podido tal vez conseguir en otra parte el vino necesario, manifiesta la valentía de su fe porque, hasta ese momento, Jesús no había realizado ningún milagro, ni en Nazaret ni en la vida pública.

En Caná, la Virgen muestra una vez más su total disponibilidad a Dios. Ella que, en la Anunciación, creyendo en Jesús antes de verlo, había contribuido al prodigio de la concepción virginal, aquí, confiando en el poder de Jesús aún sin revelar, provoca su «primer signo», la prodigiosa transformación del agua en vino.

De ese modo, María precede en la fe a los discípulos que, como refiere san Juan, creerán después del milagro: Jesús «manifestó su gloria, y creyeron en él sus discípulos» (Jn 2,11). Más aún, al obtener el signo prodigioso, María brinda un apoyo a su fe[3].

---

[3] SAN JUAN PABLO II, *Audiencia general*, 26 de febrero de 1997.

V. Tercera semana

Seguir a Jesús pasa por el camino de la cruz.
La Pasión de Cristo

La tercera semana enseña al ejercitante a identificarse con Cristo sufriente y a afrontar el sufrimiento en su vida. Seguir a Jesús es cargar con la cruz de cada día y seguirle. En el camino del seguimiento de Cristo la cruz es dirección obligatoria hacia la resurrección. Es el camino, el destino es la nueva vida del Resucitado en mí.

1. La Palabra definitiva de Jesús sobre el Padre

La forma de contemplar la Pasión en los Ejercicios no es dolorista, ni se detiene en los aspectos cruentos, como tampoco lo hacen los evangelistas. Está dirigida, en cambio, a contemplar el *amor* y *la fidelidad* de Jesús en ese día terrible. El sufrimiento, por sí mismo, no salva; lo que nos salva es el *amor* mantenido a pesar del sufrimiento (*«quiere padecer»* [195]; *«la muerte voluntariamente aceptada...»*). ¡Da consolación!

Además, la Pasión ha ayudado siempre a purificar la imagen de Dios. ¿Cómo vence el Padre el mal? ¡De qué manera tan diferente de la que nosotros le proponemos (*«podría destruir a sus enemigos y no lo hace»* [196])! Por eso, se nos anima a *mirar* la Pasión desde la Resurrección, como hicieron los evangelistas (Lc 24,25: *«¿No veis que era necesario pasar por ahí?»*). *«Dios* sólo *parecía esconderse en la Pasión...»* [223].

67

Por último, Jesús es modelo para los *viernes santos* ineludibles en nuestra vida: injusticias, traiciones, abandonos, soledad, mentiras, ingratitudes, dolores, ... muerte. Pasa eso «*por mí*» [197]. ¿Qué he de aprender para *mi* vida ordinaria? Contemplar a Jesús en la Pasión como al guía en un paso de montaña difícil por el que he de pasar... La consideración de la Pasión es una advertencia a tiempo para no desconcertarnos, ni echar todo por la borda, cuando nos lleguen las *pasividades de disminución*.

Desata un *amor con locura* que arrastra a reacciones que fuera de él no se entienden: «¿Qué puedo hacer y *padecer* por Él?» [197]. Es hambre de sintonía total. ..

1. El pórtico de la 3ª Semana es la contemplación de la Última Cena

— El testamento preparado por el mismo Jesús para explicar el sentido de su vida y de su muerte.

— Mirar la ilusión que ha puesto Jesús en su despedida (preparación clandestina, «*¡cuánto he deseado esta cena, antes de padecer!*» Lc 22,15); en calma y con sus amigos.

— Los discípulos están ajenos a la trascendencia del momento: discuten entre ellos *«quién es el mayor»,* se han provisto de espadas, hacen preguntas fuera de tono, Pedro está presuntuoso, ninguno «da la talla» ni sabe «estar» en la despedida de Jesús...

— Jesús los mira con bondad: *«Vosotros sois los que habéis perseverado conmigo en mis pruebas»* (!); contesta con mansedumbre y sin enfadarse; a Pedro le da la misión más bonita de su vida cuando menos se la «merece» (¡y Pedro la va a cumplir después!).

— Ha preparado dos signos cargados de valor: *el lavatorio de los pies* («¡hasta los de Judas!» [289]) y *la institución de la Eucaristía* («en grandísima señal de su amor»). Con toda solemnidad y pidiendo a los discípulos que los conserven y repitan «*en recuerdo suyo*». Cada uno ilumina y llena de sentido al otro.

Juan coloca aquí el compendio y resumen de todo el mensaje de Jesús (Jn 14-17): «*No estéis agitados; fiaos de Dios y de mí... no os dejaré desamparados... el Espíritu os acompañará, os enseñará, os recordará todo... daréis fruto conmigo... fui yo el que os eligió... sólo os mando que os améis unos a otros... yo he vencido al mundo, os lo digo para que mantengáis la paz... que ruego, Padre, por los que me confiaste...*»

2. La oración en el huerto

Es el pasaje más duro de toda la Pasión: a Jesús se le ve roto y en desolación *(«me muero de tristeza, sentía horror y angustia» ")*; no parece poder resistir la soledad; con sensación de fracaso, traición y abandono (Is 53: «*¿quién ha creído nuestro mensaje?*», Jn 12,38). Se ha hecho hombre de verdad, sin privilegios...

— Enseña a orar en *desolación*: «*¡Aparta de mí..., pero lo que tú quieras!*» El Espíritu entra en Él, y en el resto de la Pasión ya está fuerte y dueño de sí (¡la vive en silencio!).

2. Mirar a Jesús que nos enseña a vencer el mal a fuerza de bien

Repasar las escenas del *Viernes Santo* contemplando la *actitud* de Jesús: nada de amargura, ni amenazas, ni reacciones crispadas frente a los que son injustos con Él, sino olvido de sí mismo, bondad, perdón, silencio, miradas confiadas al Padre... «No devolváis a nadie mal por mal ... En vez de eso, ... no te dejes vencer por el mal, vence el mal a fuerza de bien» (Rom 12,17.21).

1. El prendimiento

Se realiza con la colaboración de un amigo traidor; Jesús todavía le trata como amigo *(«¡amigo, ¿a esto has veni-*

do?»); le prenden con facilidad («sobran soldados»); rechaza la espada de Pedro; todos los discípulos «le desamparan y huyen»... atan a Jesús y lo llevan atado triunfalmente («primero a casa de Anás»); «estuvo toda aquella noche atado» [292]; Jesús no maldice, no amenaza, no echa en cara nada...; sigue siendo libre. La libertad verdadera sólo depende de uno mismo... atado, está pendiente de Pedro, le busca con la mirada y le salva («Pedro rompió a llorar amargamente»); Judas, en cambio, no se dejó mirar...

2. El Sanedrín condena a muerte a Jesús

A pesar de que «no encontraban una prueba para darle muerte porque los testimonios no coincidían», le condenan a muerte por blasfemo («Tú lo has dicho; soy el Hijo de Dios»); «¡ya no necesitamos testigos!». Caifás «salva» legalmente la situación, robándole la causa de la condena...; Jesús se calla.

— Para lograr que Pilato le condenara a morir en cruz, cambian la acusación de blasfemo por la de amotinador; le llevan a Pilato «sin contaminarse»...

— Judas se desespera y se ahorca, quizá porque no esperaba que condenaran a Jesús a morir en cruz; Pedro y «los que iban a dar la vida por Él» lo dejan solo y huyen a Galilea...

3. Pilato condena también a muerte a Jesús

Aun convencido de su inocencia; todas las artimañas que se le ocurren para librarle son nuevas injusticias (Barrabás, Herodes, burla y humillaciones); el pueblo que Él vino a salvar, y cuyos enfermos curó, también le condena.

— Silencio de Jesús (Mc 15,5; Mt 27,12-14; Lc 23, 9; Jn 19,9). «Ecce homo».

— El profeta de multitudes abandonado de los suyos (sólo 3 o 4 mujeres al pie de la cruz); fracaso rotundo y completo, subrayado por los sumos sacerdotes («a otros salvó...»).

4. Jesús en la cruz

Sin maldecir a nadie, identificándose con el «Siervo de Yahvé», atento al Padre, fiel hasta el final al Padre y a los suyos ... Tanto Él como María *(«de pie al pie de la cruz»)* siguen viendo al Padre en estas circunstancias; guardaban memoria de Él...

5. Fue sepultado por dos fariseos

En ausencia de otros discípulos más cercanos; los fieles se dispersaron, con todas sus esperanzas desmoronadas *(«nosotros esperábamos»)...* considerar *la soledad de nuestra Señora, «con tanto dolor y fatiga»;* es una «soledad acompañada», porque ella sigue confiando en Dios, pese al desconcierto.

— La esperanza no es aguardar lo que a *mí* me parece que debería ser, sino aguardar a Dios, que no sé por dónde puede venir; el fundamento de la esperanza es la confianza en Él, el sentimiento profundo, y no olvidado, de ser hijo suyo («¡el Padre sabrá!»).

— Vivir en compañía de María aquel Sábado Santo, pidiendo *«conocimiento interno de María»,* para *escuchar* a Dios en los *silencios* de nuestros *viernes y sábados santos...*

Cómo acercarse a la pasión de Cristo

Lectio divina

(Leer todos los capítulos de los cuatro evangelistas sobre la Pasión de Cristo, Mc 14; Mt 26; Lc 22; Jn 18,19).

Meditación

1. Compasión. Tener los sentimientos de Cristo

El camino de la Cruz es un camino de oración que ayuda a meditar la Pasión de Cristo. Es el camino hacia el Calvario. El Vía Crucis nos presenta los diferentes momentos que vivió

Jesús desde que fue arrestado hasta su muerte en cruz. Nos va presentando paso a paso lo que sufrió Jesús por nuestra salvación. Nos ayuda a recordar con amor, agradecimiento y compasión lo mucho que sufrió Jesús para salvarnos.

La Pasión de Jesús es pasión de dolor por todo lo que soportó, pero principalmente es pasión de todo el amor que nos comunicó. Nos amó hasta el extremo.

Esta pasión continúa en nuestro mundo en tantas personas que sufren soledad, abandono, desesperanza, exclusión, humillación, pobreza, injustas condenas. Hay que crear la actitud de compasión, de unión afectiva y efectiva.

2. Redención-Agradecimiento

La Redención es uno de los dogmas centrales del cristianismo. Jesús muere en la cruz para salvarnos, para abrirnos las puertas del cielo. «*Cristo, con su muerte, destruyó nuestra muerte y con su resurrección nos dio nueva vida*» (Prefacio Pascual). Jesús entregó su vida como rescate por muchos (cf. Mt 20,28; Mc 10,45). Cristo quiso hacerse Hombre para redimirnos y quiere que correspondamos al amor que nos tiene dedicándole toda nuestra vida: el dolor, el sufrimiento.

Todos necesitan de la redención. Nuestra condición natural fue caracterizada por la culpa: «Por cuanto todos pecaron, y están desprovistos de la gloria de Dios». La redención de Cristo nos ha librado de la culpa: «siendo justificados gratuitamente por su gracia, mediante la redención en Cristo Jesús».

Hay que crecer en la actitud de agradecimiento. Me amó y se entregó a la muerte por mí, como nos recuerda san Pablo.

3. Trinidad-Contemplación

Por el bautismo nos hacemos cristianos «en el nombre del Padre y del Hijo y del Espíritu Santo» en el nombre y no en los nombres porque no hay más que un Dios: el Padre, el Hijo y el Espíritu Santo: la Santísima Trinidad.

Este misterio es central en la fe y en la vida de todo cristiano.

En la Pasión de Cristo se manifiesta claramente el vínculo entre Dios Padre y Cristo. El Hijo del Hombre vive en plenitud su humanidad, sufriendo el dolor y la muerte, propios de la condición humana. Jesús se dirige al Padre en Getsemaní, en la Oración en el Huerto y le llama «Padre».

Y en la cruz los que estaban presentes en el Gólgota le recuerdan con sarcasmo: que le salve Dios ya que dijo: «Soy Hijo de Dios». Desde la cruz Jesús tiene un diálogo profundo con el Padre y acaba diciendo: «Padre, a tus manos encomiendo mi espíritu».

También el Espíritu Santo participa de ese diálogo entre Jesús y el Padre. Dice san Pablo en la carta a los Hebreos: «Por el Espíritu Eterno se ofreció a sí mismo a Dios». Cristo en la Pasión se abre a la acción del Espíritu Santo que le da el impulso necesario para que su muerte sea una ofrenda agradable al Padre. La actitud a crear sería la contemplación. Mirad el árbol de la Cruz, donde estuvo clavada la salvación del mundo.

4. Sufrimientos de los Santos, entrar en el misterio

El amor es la fuente más rica para entender el sentido del sufrimiento que siempre es un misterio. El sentido del sufrimiento es que no tiene sentido. El sufrimiento solo se puede vivir contemplando al que tiene traspasado su corazón.

Sólo la Cruz de Cristo nos puede hacer comprender este misterio. Es la única forma de poder dar sentido al sufrimiento humano.

Los santos, con su vida a veces llena de sufrimientos, nos están mostrando hasta qué punto el amor les llevó a abrazar con generosidad sufrimientos tan grandes para el bien de los hombres. Para los santos el sufrimiento es algo inherente a la condición humana, algo connatural a nuestro caminar en la vida. Los santos, llamados por Dios a ofrecerse como entrega por el bien de los hombres y de la Iglesia (como lo manifestó la Virgen tanto en Lourdes, como en Fátima).

Viven haciendo continuamente de sus vidas una donación incondicional a la voluntad de Dios, abandonándose por completo a la acción de Dios en sus vidas. La historia de la Iglesia está llena de santos y santas que se ofrecieron como oblación a Dios (santa Teresita, santa Gema, el Padre Pío, san Maximiliano Kolbe). La oblación es la actitud a crear para tener familiaridad con los santos, los mejores hijos de la Iglesia y los intercesores seguros en el cielo.

5. Mis propios sufrimientos. Reconciliación

Todo hombre que sufre es imagen de Cristo sufriente. Todo sufrimiento aceptado y ofrecido a Dios contribuye a la salvación del mundo.

Vivimos un mundo lleno de sufrimientos. Nos acechan las enfermedades, las angustias, la soledad, el temor a un futuro incierto, la inquietud ante la situación actual de nuestro mundo.

Esta realidad ha provocado en algunos la pregunta a Dios: ¿Por qué?, en lugar de preguntar: ¿para qué?

¿Mi sufrimiento? Para que me convenza de mi debilidad y sea más humilde, para que se robustezca mi fe, para madurar espiritualmente. Nuestro sufrimiento puede servirnos para que seamos capaces de comprender, consolar, ayudar a quienes también sufren a nuestro lado, que no son pocos.

Lo único que puede iluminar nuestro propio sufrimiento es contemplar a Cristo en la hora cumbre de su vida, en la Cruz. Todos los sufrimientos, todo se acabó con el triunfo de su resurrección y de este triunfo nos quiere hacer partícipes y así darnos cuenta de que al sufrimiento le sucede el gozo. Tenemos que crear en nuestro corazón la actitud de reconciliación con nuestros propios sufrimientos.

6. La vulnerabilidad de Dios. Ternura

Dice san Pablo que Cristo se despojó de sí mismo tomando la condición de esclavo, haciéndose obediente hasta la muerte y una muerte de cruz (Flp 2,6-8). En la cruz se presenta Cristo sin alardes de poder alguno, es decir, vulnerable.

Nos resulta bastante fácil creer en un Dios omnipotente, pero creer en un Dios vulnerable es ya otra cosa.

Ante el misterio de la cruz sentimos la maldad humana, su injusticia y un Dios que ante esto guarda silencio, como si no estuviera presente.

Desde la fe cristiana podemos vislumbrar un amor más fuerte que la muerte. La Cruz nos está mostrando la debilidad de Dios y su poder que es amor sin límites al hombre. Jesús haciéndose débil es fuerte.

Jesús se hace solidario de los indefensos, caminando a su lado, comparte la fragilidad de los que no cuentan nada, se hace cercanía, misericordia, ternura desde su vulnerabilidad.

El camino de Jesús fue siempre el de la debilidad, se hizo vulnerable desde Belén, se identificó siempre con los últimos del mundo. En la vulnerabilidad de Jesús Dios se oculta y a la vez revela su grandeza.

Dios puede hacerse vulnerable porque su Amor es inmenso. Dios se hace presente en las personas que sufren en nuestro mundo.

Como cristianos que somos creemos en la resurrección de Cristo y estamos convencidos de que, desde la cruz, todas las cruces se iluminan.

Meditar el texto de Mt 21, donde se encuentra la parábola de los viñadores homicidas. Es una parábola donde Jesús comenta en primera persona la Pasión. Su vulnerabilidad brota de su Amor a la viña, que es el pueblo de Israel, la Iglesia, nosotros, y confiando en los hombres deja lo más querido en sus manos. El Padre ha puesto en las manos de los viñadores a su propio Hijo, que lo matan fuera de la viña.

La actitud a crear es descubrir el Amor del Padre, Él nos ha dado a su Hijo y lo ha puesto en nuestras manos y nosotros no hemos correspondido a tanto Amor derramado.

La actitud a crear sería descubrir en nuestras propias debilidades que nuestra fuerza y poder es el Señor.

Oración

> Padre
> me abandono en tu Corazón bueno,
> sabiendo que, también en mis cruces,
> no me dejas de la mano.
> Hazme abierto a tu voluntad,
> amigo de tu misericordia,
> cercano a tu Corazón,
> esperanzado en el dolor,
> para sembrar siempre
> la certeza,
> de que todas las cruces,
> están heridas de resurrección y vida
> que es Jesucristo.
> Amén.

Contemplación (Acto de confianza)

Estoy tan convencido, Dios mío, de que velas sobre todos los que esperan en ti, y de que no puede faltar cosa alguna a quien aguarda de ti todas las cosas, que he determinado vivir de ahora en adelante sin ningún cuidado, descargando en ti todas mis inquietudes: «En paz me acuesto y en seguida me duermo, porque tú sólo, Señor, me haces vivir tranquilo» (Sal 4,10).

Los hombres pueden despojarme de los bienes y de la honra, las enfermedades pueden privarme de las fuerzas e instrumentos de servirte; yo mismo puedo perder tu gracia pecando; pero no por eso perderé la esperanza; antes la conservaré hasta el último suspiro de mi vida y serán vanos los esfuerzos de todos los demonios del infierno por arrancármela: «en paz me duermo y al punto descanso».

Que otros pongan su confianza en sus riquezas o en sus talentos: que descansen otros en la inocencia de su vida, o en la aspereza de su penitencia, o en la multitud de sus buenas obras, o en el fervor de sus oraciones; en cuanto a mí toda mi confianza se funda en mi misma confianza: «Tú, sólo, Señor, me haces vivir tranquilo» (Sal 4,10).

Confianza semejante jamás fue defraudada: «Nadie esperó en el Señor y quedó confundido» (Sir 2,11). Así que seguro estoy de ser eternamente bienaventurado, porque espero firmemente serlo, y porque eres Tú, Dios mío, de quien lo espero: «En Ti, Señor, he esperado; no quedaré avergonzado jamás» (Sal 30,2; 70,1).

Bien conozco ¡ah! demasiado lo conozco, que soy frágil e inconstante; sé cuánto pueden las tentaciones contra la virtud más firme; he visto caer los astros del cielo y las columnas del firmamento; pero nada de esto puede aterrarme. Mientras mantenga firme mi esperanza, me conservaré a cubierto de todas las calamidades; y estoy seguro de esperar siempre, porque espero igualmente esta invariable esperanza.

En fin, para mí es seguro que nunca será demasiado lo que espere de ti, y que nunca tendré menos de lo que hubiere esperado. Por tanto, espero que me sostengas firme en los riesgos más inminentes y me defiendas en medio de los ataques más furiosos, y hagas que mi flaqueza triunfe de los más espantosos enemigos. Espero que tú me ames a mí siempre y que te ame a ti sin intermisión, y para llegar de un solo vuelo con la esperanza hasta dónde puede llegarse, espero a ti mismo, de ti mismo, oh Creador mío, para el tiempo y para la eternidad. Amén[1].

El camino de la Cruz: las tentaciones de Jesús

Lectio divina (Lc 4, 1-13)

[1]*Jesús, lleno del Espíritu Santo, volvió del Jordán y el Espíritu lo fue llevando* [2]*durante cuarenta días por el desierto, mientras era tentado por el diablo. En todos aquellos días estuvo sin comer y, al final, sintió hambre.* [3]*Entonces el diablo le dijo: «Si eres Hijo de Dios, di a esta piedra que se convierta en pan».* [4]*Jesús le contestó: «Está escrito: "No solo de pan vive el hombre"».* [5]*Después, llevándole a lo alto, el diablo le mostró en un instante todos los reinos del mundo* [6]*y le dijo: «Te daré el poder y la gloria de todo eso, porque a mí me ha sido dado, y yo lo doy a quien quiero.* [7]*Si tú te arrodillas delante de mí, todo será tuyo».* [8]*Respondiendo Jesús, le dijo: «Está escrito: "Al Señor, tu Dios, adorarás y a él solo darás culto"».* [9]*Entonces lo llevó a Jerusalén y lo puso en el alero del templo y le dijo: «Si eres Hijo de Dios, tírate de aquí abajo,* [10]*porque está escrito: "Ha dado órdenes a sus ángeles acerca de ti, para que te cuiden,"* [11]*y también: "Te sostendrán en sus manos, para que tu pie no tropiece contra ninguna piedra"».* [12]*Respondiendo Jesús, le dijo: «Está escrito: "No tentarás al Señor, tu Dios"».* [13]*Acabada toda tentación, el demonio se marchó hasta otra ocasión.*

Meditación

Las tentaciones de Jesús en el desierto (Lc 4) en Getsemaní (Lc 22) y en la Cruz (Lc 22), nos indican que su vida,

---

[1] *San Claudio La Colombière,* Carta XCVI.

como la nuestra, está, ha estado y estará siempre marcada por las tentaciones, que no son pecado. Tenemos tentaciones. De hecho pedimos en el Padre Nuestro «no caer en tentación». Por tanto, la tentación no es algo malo.

Es verdad que Dios no tienta. Es propio del diablo, el tentador, que tiene siempre como misión la tentación, apartarnos de la voluntad de Dios, alejarnos de cumplir la misión.

El tentador es el diablo, el día-bolos, que es el que divide la obra de Dios. La tentación es siempre una calumnia contra Dios.

La primera calumnia contra Dios es la tentación de que Dios no te quiere. El tentador se pasará toda nuestra existencia creando sospecha de que el sufrimiento y que la vida no nos vaya bien, son señal de que Jesús no nos quiere ¿Cómo, si Dios me quisiera tanto, puede permitir en mi vida tanto dolor?

También calumnia a los demás con el mismo esquema: no te fíes de nadie, todos están contra ti. Es la señal diabólica de división, de calumnia, de crear sospechas contra el prójimo. El diablo siempre divide y siempre crea división. No te fíes, desconfía. El olor a división es su táctica.

Por último, siempre nos calumnia a nosotros mismos, nos divide, nos deja sin esperanza y solución...: tu vida no tiene sentido, has sido un perdedor... y crece el pesimismo. Todo lo contrario de lo que siempre mueve el Espíritu Santo, que es una sana autoestima, estar convencido de que en nuestra vida, con todas nuestras miserias y pecados, siempre ha triunfado la misericordia de Jesús. Sé de quién me he fiado. El Señor ha estado grande con nosotros y estamos alegres.

¿Quiénes son los tentadores?

Está claro que en las tentaciones de Jesús en el desierto el tentador es el diablo, «Dia-bolos». Llama la atención que el que conduce a Jesús al desierto es el Espíritu Santo y es allí donde es tentado por el diablo. Así lo expresa el texto de Lc 4,41.

Significa que lo que, en lo que es lugar de encuentro con la voluntad del Padre, que es gracia, también aprovecha el enemigo para tentarnos. Nos recuerda santa Teresa del Niño Jesús, que tenía como tesoro de su vocación de carmelita una fe nueva, que, sin embargo, es tentada en su fe, hasta llegar a decir «parece que estas sentada en la mesa de los ateos del mundo, porque no hay duda de fe, que no se me ocurra a mi». En lo que era para Teresita la gracia más grande de su vocación, la fe, aprovecha el diablo para tentarla. Esto significa que todo lo que para nosotros ha significado y es la mayor gracia de nuestra vida, la vocación, la familia, el encuentro con Jesús, la vida espiritual, la dirección espiritual... también esos son lugares de tentación, en ellos podemos afirmar que las tentaciones son lo que más nos conduce a los tesoros en que somos tentados. El enemigo sabe que tienta en lo que es el tesoro de nuestra vida. Nunca seremos tentados en lo que no importa, o no es vital o no sirve para nada. Somos tentados en el tesoro de nuestro corazón, en la vocación, la fe, la familia...

En este texto el diablo tienta a Jesús con las tres grandes tentaciones del corazón humano: tener, poder y éxito. La tentación del tener, del consumismo, que también nos afecta a nosotros, Jesús la vence con su testimonio: «No solo de pan vive el hombre, sino de toda palabra que sale de la boca de Dios».

En la tentación del poder, tan arraigada en el corazón humano, el diablo se hace más descarado y mentiroso que nunca: «Todo esto te daré si me adoras». ¡Qué cara tiene el diablo, criatura, caída, ángel derrotado, para decirle a Dios que le adore!

La última tentación es la del éxito. No es una palabra cristiana. La palabra evangélica sería dar fruto, que siempre te alcanza cuando somos grano de trigo que muriendo da fruto y fruto abundante. Jesús no eligió el camino del éxito, del mesianismo político, sino el del Siervo humilde de Yahvé que se presenta como «despreciado, deshecho de los hombres, conocedor de todos los quebrantos, ante el que se aparta el rostro...». Jesús nos enseña y nos da su gracia, para vencer las tentaciones del éxito, recorriendo el camino humilde de la cruz, siendo «grano de trigo que cae en la tierra y muere» para dar fruto, y fruto abundante.

¿Cuál es la tentación en Getsemaní? Lc 22

Lectio divina (Lc 22, 40-46)

[40]*Al llegar al sitio, les dijo: «Orad, para no caer en tentación».* [41]*Y se apartó de ellos como a un tiro de piedra y, arrodillado, oraba* [42]*diciendo: «Padre, si quieres, aparta de mí este cáliz; pero que no se haga mi voluntad, sino la tuya».* [43]*Y se le apareció un ángel del cielo, que lo confortaba.* [44]*En medio de su angustia, oraba con más intensidad. Y le entró un sudor que caía hasta el suelo como si fueran gotas espesas de sangre.* [45]*Y, levantándose de la oración, fue hacia sus discípulos, los encontró dormidos por la tristeza,* [46]*y les dijo: «¿Por qué dormís? Levantaos y orad, para no caer en tentación».*

Meditación

Jesús, en su agonía, ora al Padre y nos enseña que el encuentro con la voluntad del Padre, orando y aceptando, es la mejor salida para todas nuestras tentaciones.

Vencemos las tentaciones adorando. Vencemos las tentaciones sabiendo que siempre que tengamos decisiones que marcan nuestra vida, como Jesús en el Huerto de los Olivos, siempre seremos tentados. En el momento de su agonía Jesús ora al Padre: «Si es posible que pase de mi este cáliz, pero no se haga tu voluntad sino la tuya» (Lc 22).

¿Dónde está aquí la tentación? Está claro que en la debilidad de la carne: «El espíritu está pronto, pero la carne es débil». Al final la tentación no es pecado, aunque nos induce al pecado. Aquí se subraya la debilidad de la carne, el cansancio, la pesadez de nuestra vida, de nuestra carne. Es una tentación que lleva consigo incluso sudar espesas gotas de sangre, hasta llegar a decir: «Padre si es posible que no se cumpla mi voluntad si no la tuya».

¿Cuál es la tentación en la cruz? La mentalidad del mundo, la mundanidad.

Cuando el texto de Lc 4 dice que el diablo le dejó para otra ocasión, se refiere a Getsemaní con la tentación de la debilidad de la carne, y en la cruz con la tentación de la mentalidad del mundo. Ante el crucificado hay muchas actitudes. Algunos se marchan, otros permanecen fieles junto a la cruz. También la mundanidad se hace presente con la tentación. «Bájate de la cruz y creeremos». Aquí el tentador presenta a Jesús, a través de la mentalidad del mundo, un camino fácil y espectacular: bajarse de la cruz... «Bájate de la cruz y creeremos». Gracias, Señor, por no bajarte de la cruz, por vencer la tentación del aplauso fácil. ¿Qué sería de aquellos que no se pueden bajar de la cruz y viven crucificados sin posibilidad de salida, más que aceptar y abrazar la cruz?

¿Cómo vence Jesús la tentación?

Si nos fijamos, la tentación siempre tiene un formato por parte del diablo. Afirma una premisa como verdadera y acaba intentando dar derecho de ciudadanía a algo que es falso y que no tiene que seguir el engaño del tentador.

En el desierto, el tentador dice a Jesús: «Si eres Dios, di que estas piedras se conviertan en pan». Verdadero: es Hijo de Dios; falso: Jesús nunca hizo un milagro para su servicio.

No hizo alarde de su categoría de Dios. Lo mismo ocurre en Getsemaní y en la cruz: tanto sufrimiento, tanto dolor ¿no hubiese sido mejor haber elegido el camino de flores sin espinas?

Como se ve los tentadores son los que el *Catecismo* y la doctrina de la Iglesia siempre han señalado: el mundo, el demonio y la carne. Jesús tentado nos da su gracia como la Iglesia, y con su gracia y sus enseñanzas nos ayuda a vencer la tentación.

Jesús vence la tentación y al tentador, al mundo, al demonio y a la carne remitiendo toda su vida a vivir cumpliendo la voluntad de Dios. Claramente se dice en las tentaciones del desierto: «No solo de pan vive el hombre, sino de toda palabra que sale de la boca de Dios...». «Solo a Dios adorarás...». Jesús siempre remite a la obediencia al Padre.

También en Getsemaní: «Si es posible... no se cumpla mi voluntad, sino la tuya». Siempre nos lleva a vivir cumpliendo la voluntad del Padre.

En la cruz: «Dios mío, Dios mío, ¿porque me has abandonado?». Es la tentación llevada hasta las últimas consecuencias y Jesús la vence con su vida abandonada en las manos del Padre: «A tus manos encomiendo mi espíritu».

Siempre vencemos cumpliendo la voluntad del Padre.

Oración

Señor Jesús,
ayúdame a buscar tu voluntad,
en medio de las tentaciones
que tienen como misión,
el apartarnos de tu voluntad.
Haznos dóciles y siempre abiertos
a saber que contigo,
vencemos toda las tentaciones.
Amén.

Contemplación

Una noche, santa Teresita suplicó a la enfermera que rociara su cama con agua bendita...

El demonio en torno mío, no lo veo pero lo siento, me atormenta, me sujeta como lo haría con una mano de hierro para impedirme que tome el más ligero alivio; aumenta mis males con la finalidad de que me desespere...¡Y no puedo rezar! Sólo puedo mirar a la Virgen Santísima y decir ¡Jesús!

Qué necesaria es aquella oración de Completas:

«Procur recedant somnia et noctium phantasmatam» - *«Libramos de los fantasmas de la noche».*

La enfermera encendió un cirio bendito y el espíritu de las tinieblas huyó para no volver más[2].

Camino de la Cruz: Mirar al que tiene abierto su Corazón

Lectio divina (Jn, 19,31-42)

[31] *Los judíos entonces, como era el día de la Preparación, para que no se quedaran los cuerpos en la cruz el sábado, porque aquel sábado era un día grande, pidieron a Pilato que les quebraran las piernas y que los quitaran.* [32] *Fueron los soldados, le quebraron las piernas al primero y luego al otro que habían crucificado con él;* [33] *pero al llegar a Jesús, viendo que ya había muerto, no le quebraron las piernas,* [34] *sino que uno de los soldados, con la lanza, le traspasó el costado, y al punto salió sangre y agua.* [35] *El que lo vio da testimonio, y su testimonio es verdadero, y él sabe que dice verdad, para que también vosotros creáis.* [36] *Esto ocurrió para que se cumpliera la Escritura: «No le quebrarán un hueso»;* [37] *y en otro lugar la Escritura dice: «Mirarán*

---

[2] Santa Teresita del Niño Jesús, *Historia de un alma,* cap. XII, n. 25.

al que traspasaron». [38] Después de esto, José de Arimatea, que era discípulo de Jesús aunque oculto por miedo a los judíos, pidió a Pilato que le dejara llevarse el cuerpo de Jesús. Y Pilato lo autorizó. Él fue entonces y se llevó el cuerpo. [39] Llegó también Nicodemo, el que había ido a verlo de noche, y trajo unas cien libras de una mixtura de mirra y áloe. [40] Tomaron el cuerpo de Jesús y lo envolvieron en los lienzos con los aromas, según se acostumbra a enterrar entre los judíos. [41] Había un huerto en el sitio donde lo crucificaron, y en el huerto, un sepulcro nuevo donde nadie había sido enterrado todavía. [42] Y como para los judíos era el día de la Preparación, y el sepulcro estaba cerca, pusieron allí a Jesús.

Meditación

Con María, Juan y la Magdalena somos invitados a contemplar al que tiene «traspasado el corazón». Al que tiene siempre abierto su Corazón como una llamada a vivir con los sentimientos de su Corazón. De Aquél que no tiene secretos con nosotros, pues su Corazón siempre está atento, especialmente a los más pobres y pequeños. La Iglesia vive mirando al Corazón Redentor de Jesucristo y Cristo muere mirando a su Iglesia que está junto a la Cruz, con María que con su «sí» representa el carisma mariano. Juan representa el carisma petrino y la Magdalena, junto a la cruz, es expresión de la Iglesia pecadora y necesitada de conversión y de reforma.

El Corazón de Jesús, se presenta como la fuente de salvación y como invitación a «beber» de ese manantial de Vida y de Amor, aunque «sea de noche».

Siguiendo la Sagrada Escritura y la Liturgia de la Iglesia, cuatro son las claves para meditar en esta semana de pasión en que pedimos la gracia de dolor con Cristo dolorido, quebranto con Cristo quebrantado, pena y dolor con Cristo que por nosotros se entrega a la muerte y una muerte de cruz.

1. Sacaréis agua con gozo de la fuente de salvación. Corazón de Jesucristo fuente de Agua Viva

Así aparece en este texto de Juan. Juan, parece volverse loco de alegría al descubrir que del costado abierto de Cristo salió «sangre y agua». Se descubre una fuente, la fuente de la vida, que brota del Corazón Redentor de Jesucristo... «Sacaréis agua con gozo de la fuente de la Salvación». De aquí el gozo del evangelista místico que, como decía Evagrio Póntico, es el evangelista que escribió su evangelio contemplando y reclinando su cabeza sobre el que tiene «traspasado el corazón». En la afirmación de Juan 7, presenta a Jesús de pie, postura sacerdotal, dando un fuerte grito... «Si alguno tiene sed que venga a mí y beba, de sus entrañas brotarán torrentes de agua viva». ¿Cómo podemos beber de Jesús? ¿Dónde se encuentra su fuente? En esta escena se encuentra la invitación a beber de la fuente de la salvación, que brota de su Corazón traspasado.

Detrás de esta escena se encuentra la experiencia bíblica del pueblo de Israel sediento por el desierto y en peligro de morir de sed. Es Moisés el que, golpeando una roca de pedernal, hace que salga agua, para beber ellos y los animales y no morir sedientos y poder reanudar el camino.

También nosotros, necesitados y sedientos del agua viva y buscando la fuente de la salvación, contemplamos el corazón traspasado de Jesucristo, para sacar agua de las fuentes de salvación. Es necesario que descubramos siempre que no hay salvación sin Cristo de Corazón abierto.

2. Sus heridas nos han curado. El Corazón de Jesús herido de Amor

Así queda para siempre el Corazón de Jesús: muerto, abre su costado una lanza; y Vivo-Resucitado, presenta su Corazón abierto a todos. A Tomás le dice «Mira mis manos y mi costado... soy yo». Esa herida abierta, cura nuestras heridas y nos invita a vivir «encorazonados» para que «tengamos vida y la tengamos en abundancia».

Detrás de este texto se encuentra la escena que proclama la Iglesia en la fiesta de la exaltación de la Santa Cruz. En ella se narra que los israelitas en el desierto se rebelan contra Moisés. Cansados de sed, hambre y agotados en el desierto se rebelan contra Moisés y contra los planes de Dios. Ante esta realidad se encuentran con que unas serpientes muerden a los israelitas. Muchos mueren y se entiende como un castigo de Dios por su rebelión. Moisés manda hacer un estandarte, enrollado como por una serpiente, al que al mirarlo con fe todos los que son picados, son curados. Cuando visitamos Tierra Santa en el monte Nebo (Jordania) mirando a un inmenso desierto y al fondo Jericó, se encuentra un estandarte que recuerda y recoge esta escena. En la Escritura se nos ayuda a vivir cantando las misericordias del Señor... Tus heridas nos han curado.

También nosotros heridos y «picados» por las terribles serpientes de la vida, el pecado, el dolor, la muerte... somos sanados mirando al que tiene traspasado el Corazón. Sabemos que es el Amor Redentor del Corazón abierto de Cristo, es nuestra esperanza y nuestra puerta abierta a la auténtica liberación.

3. Protégeme Dios mío que me refugio en ti. Corazón de Jesús fuente de misericordia

En este texto de Corazón traspasado, aparece que nos sentimos llamados a buscar en el Corazón Redentor el Refugio de nuestros pecados y la fuerza para alcanzar la salvación. Hay también textos del Antiguo Testamento donde se puede fundamentar esta idea de que ese corazón traspasado del crucificado y resucitado sigue llevando en su cuerpo «las heridas» que nos salvan. Contemplando ese corazón abierto nos sentimos invitados a atravesar la puerta como refugio de Misericordia.

En el Templo o alrededores si «la policía» sorprendía a un ladrón robando, salía corriendo para apresarlo, pero si entraba en el Templo, en el lugar donde estaban los sacerdotes, allí no podía entrar la justicia, solo podía entrar la misericordia del Señor. Dentro del Templo, la justicia se expresa con su misericordia... «Si llevas cuenta de los delitos Señor, quien podrá resistir, pero de ti procede el perdón y así infundes respeto» (Salmo 129).

Aplicado a nuestra vida concreta y real, partimos de que somos pecadores y que es en su Corazón misericordioso donde vemos el refugio seguro, para la conversión y para vivir acogiendo la salvación: Él es quien por «nosotros los hombres y por nuestra salvación bajó del cielo y por obra del Espíritu Santo se encarnó de María la Virgen». Su corazón traspasado es el Refugio de Misericordia ante nuestras rebeliones. Necesitamos recitar una y otra vez «protégeme Dios mío que me refugio en ti». Yo digo tú eres mi Dios, en ti confió. El Corazón abierto de Jesús es Refugio y fuente de Misericordia, para vivir el drama de nuestros pecados. Desde la convicción de que mirando con María, Juan y la Magdalena a su corazón, es el refugio de la Iglesia pecadora y santa.

4. Venid a mí todos los que estáis cansados y agobiados y yo os aliviaré. El Corazón de Jesús es nuestro descanso

Quedando en lo alto el cuerpo de Jesús crucificado, el Corazón traspasado del que sale «sangre y agua», es una llamada a beber de la fuente de la salvación, sus heridas nos han curado. Es refugio de misericordia y también es el descanso de todo nuestro ser en medio del fragor intenso de la vida.

El Corazón abierto de Jesús es nuestro descanso. Ahora se cumple la única promesa que hace el Corazón vivo de Jesús en todo el Evangelio: «Venid a mi todos los que estáis cansados y agobiados y yo os aliviaré y aprended de mí que soy manso y humilde de corazón y encontraréis descanso, porque mi yugo es llevadero y mi carga ligera» (Mt 11)

¡Cuántas veces, agotados y sin fuerzas, acudimos al Corazón traspasado de Jesús y en él hemos descansado de tantos sufrimientos padecidos y experimentado alivio del corazón!

María, Juan y la Magdalena, están junto a la cruz, inaugurando un ejército de millones de testigos, que a lo largo de la historia, miran al que traspasaron como fuente de la salvación, herido de Amor, refugio de misericordia y descanso en nuestra vida. Luego vendrán san Agustín, san Bernardo, Teresa de Jesús, santa Margarita María de Alacoque, san Claudio La Colombière, beato Hoyos, san Carlos de Foucauld, santa Teresita de Lixieux, santa Josefa, fundadora de las Siervas de Jesús, Madre Amadora, fundadora de las Celadoras del Reinado del Corazón de Jesús... Hombres y mujeres que han permanecido junto a la cruz y que con el Redentor, han contemplado a quien siempre tiene abierto su Corazón, como fuente de vida y santidad.

Oración (Letanías del Corazón de Jesús)

Señor, ten piedad de nosotros (repetir)
Cristo ten piedad de nosotros
Señor, ten piedad de nosotros
Cristo, óyenos
Cristo, escúchanos
Padre eterno, Dios de los cielos
Ten misericordia de nosotros
Hijo, Redentor del mundo, Dios verdadero
Espíritu Santo, Dios.
Corazón de Jesús, Hijo del Eterno Padre
Corazón de Jesús, formado por el Espíritu Santo en el seno de una Madre Virgen
Corazón de Jesús, unido substancialmente al Verbo de Dios

Corazón de Jesús, majestad infinita
Corazón de Jesús, templo Santo de Dios
Corazón de Jesús, Tabernáculo del Altísimo
Corazón de Jesús, casa de Dios y puerta del cielo
Corazón de Jesús, horno ardiente de caridad
Corazón de Jesús, receptáculo de justicia y amor
Corazón de Jesús, lleno de bondad y de amor
Corazón de Jesús, abismo de todas las virtudes
Corazón de Jesús, dignísimo de toda alabanza
Corazón de Jesús, Rey y centro de todos los corazones
Corazón de Jesús, en el que están todos los tesoros
de la sabiduría y de la ciencia
Corazón de Jesús, en el que habita toda la plenitud de
la Divinidad
Corazón de Jesús, en el que el Padre se complació
mucho
Corazón de Jesús, de cuya plenitud todos hemos
recibido
Corazón de Jesús, deseado de los eternos collados
Corazón de Jesús, rico para todos lo que te invocan
Corazón de Jesús, fuente de vida y santidad
Corazón de Jesús, propiciación por nuestros pecados
Corazón de Jesús, saciado de oprobios
Corazón de Jesús, quebrantado por nuestros delitos
Corazón de Jesús, hecho obediente hasta la muerte
Corazón de Jesús, herido por una lanza
Corazón de Jesús, fuente de toda consolación
Corazón de Jesús, vida y resurrección nuestra
Corazón de Jesús, paz y reconciliación nuestra
Corazón de Jesús, víctima de nuestros pecados
Corazón de Jesús, salud de los que en Ti esperan
Corazón de Jesús, esperanza de los que en Ti mueren
Corazón de Jesús, delicia de todos los santos
Cordero de Dios, que quitas los pecados del mundo,
perdónanos Señor

Cordero de Dios, que quitas los pecados del mundo, escúchanos Señor
Cordero de Dios, que quitas los pecados del mundo, ten misericordia de nosotros
Sagrado Corazón de Jesús / en vos confío
Jesús manso y humilde de Corazón/ Haz nuestro corazón semejante al tuyo

Contemplación

Soy un viejo pecador que, a raíz de su conversión —hace casi veinte años— fue atraído con mucha fuerza por Jesús a llevar su vida escondida de Nazaret. Desde entonces, me esfuerzo por imitarlo, aunque muy miserablemente. Pasé varios años en el querido y bendito Nazaret, como sirviente y sacristán del convento de las Clarisas. No dejé ese lugar bendito sino para recibir, hace cinco años, las órdenes Sagradas. Sacerdote libre de la diócesis de Viviers, mis últimos retiros de diaconado y de sacerdocio me mostraron que esta vida de Nazaret, mi vocación, tenía que vivirla no en la Tierra Santa, tan amada, sino en medio de las almas más enfermas, de las ovejas más perdidas, más abandonadas: el divino banquete del que iba a ser ministro, tenía que presentarlo no a los hermanos, a los parientes, a los vecinos ricos, sino a los más cojos, a los más ciegos, a los más pobres, a las almas más abandonadas y que más faltan de sacerdotes. En mi juventud había recorrido Argelia y Marruecos. En Marruecos, tan grande como Francia y con diez millones de habitantes, no hay ningún sacerdote en el interior; en el Sahara argelino, siete u ocho veces mayor que Francia y más poblado de lo que se creía, una docena de misioneros. Como ningún pueblo me parecía más abandonado que estos, solicité y obtuve del Reverendísimo Prefecto Apostólico del Sahara el permiso de establecerme en el Sahara argelino y de llevar allí, en soledad, clausura y silencio, en el trabajo manual y la santa pobreza, solo o con algunos sacerdotes o seglares, hermanos en Jesús, en la Adoración Perpetua del Santísimo Sacramento expuesto, si Dios da algunos hermanos, una vida tan parecida como sea posible a la vida escondida del amado Jesús en Nazaret[3].

Camino de la Cruz: El perfume de Betania. La Iglesia se llenó del perfume del amor de Jesús

Lectio divina (Jn 12, 1-8)

[1]*Seis días antes de la Pascua, fue Jesús a Betania, donde vivía Lázaro, a quien había resucitado de entre los muertos.* [2]*Allí le ofrecieron una cena; Marta servía, y Lázaro era uno de los que estaban con él a la mesa.* [3]*María tomó una libra de perfume de nardo, auténtico y costoso, le ungió a Jesús los pies y se los enjugó con su cabellera. Y la casa se llenó de la fragancia del perfume.* [4]*Judas Iscariote, uno de sus discípulos, el que lo iba a entregar, dice:* [5]*«¿Por qué no se ha vendido este perfume por trescientos denarios para dárselos a los pobres?».* [6]*Esto lo dijo no porque le importasen los pobres, sino porque era un ladrón; y como tenía la bolsa, se llevaba de lo que iban echando.* [7]*Jesús dijo: «Déjala; lo tenía guardado para el día de mi sepultura;* [8]*porque a los pobres los tenéis siempre con vosotros, pero a mí no siempre me tenéis».*

Meditación

Jesús celebra su última cena con sus amigos, Marta, María y Lázaro en su casa de Betania. Después celebra la última cena con los apóstoles en el cenáculo.

Aquí, María, a los pies de Jesús, hace lo que luego Jesús va hacer con sus discípulos de ponerse de rodillas a los pies y lavárselos como signo de amor y de servicio.

---

[3] SAN CARLOS DE FOUCAULD, *Carta a Monseñor Caron, Beni-Ahbé.s*, 8 de abril de 1905.

María de Betania a los pies de Jesús nos descubre lo que es la pasión de su corazón, por una entrega incondicional de gastarse y desgastarse al servicio de la Redención, del Reino de Jesús al que ama con toda la fuerza de su corazón.

1. La vida de entrega

Aquí se refleja como el perfume carísimo, como el nardo purísimo se rompe, como el corazón, para que exhale el «olor de Cristo» que llena de alegría la casa, la Iglesia. La vida entregada, la vida consagrada, desde la actitud de María de Betania, unge a Jesús, para vivir la Pasión con entrega de su Corazón que se rompe en amor, como el perfume de una entrega incondicional.

María nos dice aquí que una vida determinada por la escucha de la Palabra de Dios, debe dar como fruto una entrega con Jesucristo, por Cristo y con Él. Es un Amor que se hace entrega. El Lunes Santo, la Iglesia lee este texto en clave de un camino. Jesús va a recorrerlo hacia la muerte y resurrección y parte de Betania, la casa de los amigos, para desde aquí lanzarse a una entrega que da la vida y la vida se entrega como la voluntad del Padre que nos lleva a un Amor que da la vida.

2. Judas juzga sin piedad

No entiende de un amor que lo da todo. No llega a más que a lo práctico, al negocio, al mercantil. Se podría haber dado a los pobres. Antes ha dicho que es un derroche. Se podía haber ahorrado tanto despilfarro. En el fondo se ve que Judas no entiende, a pesar de haber sido elegido y llamado. Todo llamado es amado, pero se ve que no llega hasta tanta delicadeza de amor de María.

En cuando a Judas, representa la mentalidad del mundo. La mundanidad. Por esa mundanidad no es capaz de ir más allá de lo que son las delicadezas con Jesús, que va a ser condenado a muerte, morir y resucitar. En su intuición femenina, quiere adelantarse para decirle con este gesto su profundo amor de mujer y de ser intrépida en las causas del Espíritu. Es un amor que no se echa atrás, aunque los Judas de turno la crucifiquen y no la entiendan.

3. Solo Jesús la comprende y defiende

Déjala. Lo guardaba para mi sepultura. En el fondo, siempre desde el Corazón de Cristo, es capaz de llegar a ver más allá del gesto, una auténtica «declaración» de amor de esta mujer que quiere llegar hasta el final con un agradecimiento conmovedor ante tanto bien recibido.

Jesús siempre nos comprende, siempre actúa a nuestro favor ante la mundanidad y la falta de delicadeza y de Amor. Siempre es necesario vivir escuchando su palabra y con el corazón como frasco carísimo ¿Qué más caro y querido que nuestro corazón, que se «rompe» cuando lo entregamos por amor?

Es precioso descubrir que el Señor nos escucha y nos da las fuerzas para un amor que se entrega y da la vida «hasta el extremo», un amor hasta el final.

Oración

A tus pies, Corazón de Jesús,
te ofrezco lo más valioso de mi vida,
mi corazón que como frasco de perfume,
quiero que se «rompa» en tu servicio.
Quiero, Señor,
que mi vida,
sea un canto de Misericordia,
sabiendo que no hay alegría más grande
que gastarse y desgastarse,
en tu servicio.
Amén.

Contemplación

Esta mujer encontró verdaderamente al Señor. En el silencio, le abrió su corazón; en el dolor, le mostró el arrepentimiento por sus pecados; con su llanto, hizo un llamamiento a la bondad divina para recibir el perdón. Para ella no habrá ningún juicio si no el que viene de Dios, y este es el juicio de la misericordia. El protagonista de este encuentro es ciertamente el amor, la misericordia que va más allá de la justicia.

Simón, el dueño de casa, el fariseo, al contrario, no logra encontrar el camino del amor. Todo está calculado, todo pensado... Él permanece inmóvil en el umbral de la formalidad. Es algo feo el amor formal, no se entiende. No es capaz de dar el paso decisivo para ir al encuentro de Jesús que le trae la salvación. Simón se limitó a invitar a Jesús a comer, pero no lo acogió verdaderamente. En sus pensamientos invoca sólo la justicia y, obrando así, se equivoca. Su juicio acerca de la mujer lo aleja de la verdad y no le permite ni siquiera comprender quién es su huésped. Se detuvo en la superficie —en la formalidad—, no fue capaz de mirar al corazón. Ante la parábola de Jesús y la pregunta sobre cuál de los servidores había amado más, el fariseo respondió correctamente: «Supongo que aquel a quien le perdonó más». Y Jesús no deja de hacerle notar: «Has juzgado rectamente». Sólo cuando el juicio de Simón se dirige al amor, entonces él está en lo correcto[4].

---

[4] FRANCISCO, *Homilía,* 13 de marzo de 2015.

VI. Cuarta semana

Resucitó de veras mi amor y mi esperanza

La semana de las gracias más delicadas y decisivas de nuestra vida. La que verdaderamente cambia nuestra vida y nuestro corazón. El encuentro con el Resucitado nos cambia el corazón, la vida, el paisaje...

1. Dios se muestra maravilloso en los efectos de la Resurrección

La 4ª Semana contempla la segunda parte del Misterio Pascual, centro de nuestra fe; «todos los Ejercicios son introducción y preparación para esta Semana», porque la Resurrección debe ser también *sentida y gustada,* además de confesada y proclamada.

— Se pide ahora *«alegrarme intensamente»* [221]; es decir, encontrar un sentido al sufrimiento y al dolor, para poder mantener la alegría en los *viernes santos,* propios y ajenos *(«¡id y predicad!»)* de la historia.

— Ahora no se puede contemplar a Jesús como en los *misterios* de las Semanas precedentes; lo que se contempla aquí es «cómo se muestra ahora Dios *(«que parecía esconderse en la Pasión»)* tan maravillosamente en los *efectos,* santísimos y reales, de la Resurrección» [223]: la reestructuración de personas rotas, realizada con tanta facilidad y eficacia; tampoco hay ningún reproche a los discípulos por parte del Resucitado...

— Mirar a Jesús Resucitado *«en su oficio de consolar»* (como suelen hacer los amigos entre sí) de una manera tan extraordinaria: en un instante y del todo, sin hacerles olvidar el Viernes Santo, pero dándoles otra «lectura» de lo que pasó; con plenitud de paz.

1. La aparición a Nuestra Señora

Está tomada de la piedad medieval, sobrepasando su mero sentido piadoso *(«porque la Escritura supone que tenemos entendimiento»).*

— María es la única que no se había roto, porque ha mantenido la esperanza en el Viernes y Sábado Santos *(«¡el Padre sabrá!»).* Por eso, la «aparición» para ella tiene un sentido más bonito aún que para los demás: es como una confianza confirmada, como un *sentir y gustar* la fidelidad comprobada de Dios *(«¡ya sabía yo que eras de fiar!»).*

2. Las apariciones a María Magdalena, a Tomás y a los de Emaús

Son escenas de recuperación de discípulos desesperados; en todas deja paz y *«corazón en ascuas».*

— El mensaje central y primero lo recibe María Magdalena (Jn 20, 17): *«Busca a mis hermanos y diles que subo a mi Padre y vuestro Padre, a mi Dios y vuestro Dios».* ¡Nada ha cambiado en la mirada del Padre!

— A Tomás le pide que acepte las mediaciones eclesiales; los de Emaús se sienten empujados a celebrar su experiencia en comunidad y *«volvieron a Jerusalén».*

3. La aparición al grupo en Tiberíades

Es una presentación de la Iglesia como grupo de los recuperados y restaurados por el Resucitado; pese a sorprendente (sin méritos propios) y desayuno en la playa en torno a Él, *«pues sabían que era el Señor»* (imagen de la

Iglesia). Examen a Pedro (y a todo discípulo) sobre el amor, la roca firme.

4. La escena de la Ascensión (Hch 1,1-11)

Refleja la vida cristiana al «irse» Jesús.

— Una tarea sin protagonismo *ni* hiper-responsabilidad; simplemente ser «*testigos* de lo vivido, en Jerusalén, Judea y Samaría, hasta los confines del mundo».

— Con unos efectivos personales muy desproporcionados para esa tarea: eran poca cosa, ¡pocos y malos! (Hch 1,12-14). La fuerza la da sólo el Padre: «Tranquilizaos porque es decisión de vuestro Padre reinar de hecho sobre vosotros» (Lc 12, 32).

— Referencia biográfica de san Ignacio en Jerusalén: la Ascensión es el comienzo de una vida de *discernimiento permanente* para todo cristiano: «¿Qué debo hacer?» Las respuestas han de brotar directamente del diálogo continuado del testigo con su Señor.

La Nueva Vida Resucitada: ¿Qué has visto de camino María (Magdalena) en la mañana?

Lectio Divina (Jn 20,1-18)

¹*El primer día de la semana, María la Magdalena fue al sepulcro al amanecer, cuando aún estaba oscuro, y vio la losa quitada del sepulcro.* ²*Echó a correr y fue donde estaban Simón Pedro y el otro discípulo, a quien Jesús amaba, y les dijo: «Se han llevado del sepulcro al Señor y no sabemos dónde lo han puesto».* ³*Salieron Pedro y el otro discípulo camino del sepulcro.* ⁴*Los dos corrían juntos, pero el otro discípulo corría más que Pedro; se adelantó y llegó primero al sepulcro;* ⁵*e, inclinándose, vio los lienzos tendidos; pero no entró.* ⁶*Llegó también Simón Pedro detrás de él y entró en el sepulcro: vio los lienzos tendidos* ⁷*y el sudario con*

que le habían cubierto la cabeza, no con los lienzos, sino enrollado en un sitio aparte. [8]Entonces entró también el otro discípulo, el que había llegado primero al sepulcro; vio y creyó. [9]Pues hasta entonces no habían entendido la Escritura: que él había de resucitar de entre los muertos. [10]Los dos discípulos se volvieron a casa. [11]Estaba María fuera, junto al sepulcro, llorando. Mientras lloraba, se asomó al sepulcro [12]y vio dos ángeles vestidos de blanco, sentados, uno a la cabecera y otro a los pies, donde había estado el cuerpo de Jesús. [13]Ellos le preguntan: «Mujer, ¿por qué lloras?». Ella les contesta: «Porque se han llevado a mi Señor y no sé dónde lo han puesto». [14]Dicho esto, se vuelve y ve a Jesús, de pie, pero no sabía que era Jesús. [15]Jesús le dice: «Mujer, ¿por qué lloras?, ¿a quién buscas?». Ella, tomándolo por el hortelano, le contesta: «Señor, si tú te lo has llevado, dime dónde lo has puesto y yo lo recogeré». [16]Jesús le dice: «¡María!». Ella se vuelve y le dice: «¡Rabbuní!», que significa: «¡Maestro!». [17]Jesús le dice: «No me retengas, que todavía no he subido al Padre. Pero, anda, ve a mis hermanos y diles: "Subo al Padre mío y Padre vuestro, al Dios mío y Dios vuestro"». [18]María la Magdalena fue y anunció a los discípulos: «He visto al Señor y ha dicho esto».

Meditación

Son tres los lugares teológicos donde se aparece el Resucitado, donde «se dejó ver»: el cenáculo, la Galilea de los gentiles (Id a Galilea y allí me veréis) y los caminos.

El primer caminante es María Magdalena con algunas mujeres de madrugada. Los segundos caminantes son Pedro y Juan corriendo al sepulcro vacío y el tercer camino es el de Emaús (Lc 24).

El resucitado nos cita en el cenáculo, nos cita en el lago de Tiberíades y en los caminos. Es un Dios de los caminos. El Resucitado nos hace una emboscada en todos los caminos para encontrarse con nosotros.

Tres son los caminos que recorren los peregrinos en busca de la vida, del Resucitado. Pedimos en esta cuarta semana que el gozo del Resucitado permanezca en nosotros. Pedimos la gracia de que permanezca el gozo del Resucitado en medio de nuestras oscuridades, cruces y metas.

María Magdalena es la mujer que busca al Amado en la noche, como la mujer del Cantar de los Cantares, que pregunta y busca al Amor de su vida, aun sabiendo que lo hace desde su poquita fe, pide vivir en la esperanza cierta de que el Señor ha resucitado y vive para siempre. Ella, con aquellas piadosas mujeres, va buscando ungir un cadáver, y se encuentra con la sorpresa de Dios, que siempre rompe barreras y vence a la muerte, para decirnos que vive para nosotros. Es verdad que la muerte nos dice el Amor que entrega la vida; la Resurrección nos dice el Amor que entrega su vida.

Ante el nombre de mujer, nombre genérico que Jesús utilizó también con su madre en Caná, Magdalena no le conoce. Después le llamaría por su nombre, María, y ella responde: Rabboní, Maestro. Al final aunque le confunde con un hortelano, no es mala confusión, porque el Señor Resucitado ha creado todas las flores y todas las bellezas que el Padre dejó llenas de su hermosura.

Magdalena quiere retener al Resucitado. Curiosamente a Tomás le dice «tócame» y a la Magdalena «no me toques todavía». En el fondo Tomás necesita palpar para creer y es el amor posesivo de la Magdalena el que necesita vivir de fe y pasar de una amor posesivo a un amor oblativo.

Al final, la mujer de los caminos, se lanza por los caminos, comenzando por el cenáculo, a decirles que la tumba está y sigue vacía y que el encuentro con el Resucitado, ha cambiado totalmente su vida, su mundo, su paisaje y sobre todo su corazón.

1. La otra carrera

Corren juntos Pedro y Juan. Corren y caminan a vivir en la certeza del Resucitado... Resucitó de veras mi amor y mi esperanza.

Cuando la Magdalena anuncia que Cristo vuelve a la Iglesia representado en los apóstoles, en Pedro y Juan, se convierte en la primera testigo de la Resurrección.

Pedro vio y se sorprendió. Todavía no ha sido una mirada de fe, quizás las heridas de su corazón le impiden ver y cuesta que su corazón sea curado. Juan vio y creyó.

Testigo de su pasión y muerte su corazón limpio, le hizo de abrir en seguida al Resucitado... «Resucitó de veras mi amor y mi esperanza».

No podemos ser «discípulos amados» si no caminamos con la Iglesia y fruto del encuentro con el Resucitado nuestro corazón se transforma y nos lanza a vivir una nueva vida con el Resucitado.

Él llena nuestro corazón de quien es esperanza.

2. El camino de los decepcionados. Camino de Emaús (Lc 24)

Emaús es el camino que recorren personalmente todos los que se sienten «cansados y agobiados» y decepcionados de la vida. Jesús come con ellos. Sigue con ellos, porque nunca se va de nuestra vida, aunque no seamos conscientes de su presencia. Él nunca se va de nuestras vidas. Jesús escucha y atiende una por una nuestras decepciones. Al final, cuando cantan, es decir, cuando cuentan la historia de su corazón, en el fondo proclama el kerigma, pero les falta la alegría y el convencimiento del Resucitado. Al final dicen la palabra que dicen todos los decepcionados de Cristo: «Nosotros esperábamos». ¿Cuáles son nuestras profundas decepciones de Jesús, de la Iglesia que hiere nuestras vidas? Ante el «nosotros esperábamos» de la decepción, Jesús les dice: «Era necesario». La clave es que tenemos que ver la historia de nuestra vida, todo lo que nos ha pasado, como que «era necesario» para entrar en su gloria, para santificarnos, para vivir la conversión plena.

Al final Jesús se sienta a comer y parte el pan y estalla el Espíritu Santo en los ojos de aquellos decepcionados del Amor de Cristo. Le agarran y le dicen: «Quédate con nosotros, la tarde está cayendo...» pues sin ti a nuestro lado, nada hay justo, nada hay bueno.

Sería bueno que, diciéndole al Señor que se quede con nosotros, le digamos que vamos a cuidar todo aquello que hace que permanezca Jesús para siempre con nosotros: la oración personal, la centralidad de la Eucaristía, la necesidad de la confesión y de ser acompañados, cuidar los encuentros fraternos, la devoción a la Virgen con el rosario y el rezo del Ángelus. Si cuidamos el trato con el Señor, se queda para siempre con nosotros, nos envía siempre al mundo, para desde allí, salir por todos partes anunciando que Jesucristo viene y está presente y actuando por todos los caminos de los decepcionados de Cristo, para estarse con Él.

Oración

Yo sé que estás conmigo, porque todas
las cosas se me han vuelto claridad:
porque tengo la sed y el agua juntas
en el jardín de mi sereno afán.
Yo sé que estás conmigo, porque he visto
en las cosas tu sombra, que es la paz;
y se me han aclarado las razones
de los hechos humildes, y el andar
por el camino blanco se me ha hecho
un ejercicio de felicidad.
No he sido arrebatado sobre nubes
ni he sentido tu voz, ni me he salido
del prado verde donde suelo andar...

¡Otra vez, como ayer, te he conocido
por la manera de partir el pan![1]

Testimonio

Lo único que ocupa mi vida es Dios y su Voluntad. Lo que antes era deseo vehemente, por su infinita misericordia se va templando. Qué inmensa es la gracia de Dios cuando va llenando poco a poco un alma; cómo se va precisando más y más la vanidad de todo lo humano, y cómo en cambio, se llega uno a convencer prácticamente de que sólo en Dios es donde se halla la verdadera sabiduría, la verdadera paz, la verdadera vida, lo único necesario, y el único amor y deseo del alma.

El otro día estuve con el Rvdo. Padre Abad, fui a pedirle me concediera alguna penitencia en este santo tiempo de Cuaresma, cosa que me negó, y en cambio me dijo que el día de Pascua me daría la Cogulla monacal y el escapulario negro. ¡Qué alegría tuve, buen Jesús! Hubiera abrazado al Rvdo. Padre Abad... Demasiado bueno es conmigo. ¡Cuánta ilusión tenía yo hace algún tiempo por poder vestir la Cogulla..., que alegría tan grande me dio pensar que dentro de un breve plazo no me distinguiría en nada de un verdadero religioso! (únicamente la corona que no podré usar). Mas después que fui a darle gracias al Señor por este beneficio, vi claramente que en mí eso es vanidad; vi que es un honor que me hace la comunidad, y eso me lastima más que otra cosa. ¡Ah!, si me hubiera dado el hábito de converso como le manifesté..., otra cosa hubiera sido. Pero lo mismo me da. De pardo o de blanco, con Cogulla y sin ella, soy el mismo delante de Dios. Todo lo externo me es indiferente..., sólo quiero amar a Dios, y eso lo hago por dentro y sin que se enteren los hombres[2].

---

[1] José María Pemán, *Oración*.

[2] Hno. Rafael, *Dios y mi alma* (8 de marzo de 1938).

La Nueva Vida Resucitada: ¡Es el Señor!

Lectio divina (Jn, 21, 1-24)

¹*Después de esto Jesús se apareció otra vez a los discípulos junto al lago de Tiberíades. Y se apareció de esta manera:* ²*Estaban juntos Simón Pedro, Tomás, apodado el Mellizo; Natanael, el de Caná de Galilea; los Zebedeos y otros dos discípulos suyos.* ³*Simón Pedro les dice: «Me voy a pescar». Ellos contestan: «Vamos también nosotros contigo». Salieron y se embarcaron; y aquella noche no cogieron nada.* ⁴*Estaba ya amaneciendo, cuando Jesús se presentó en la orilla; pero los discípulos no sabían que era Jesús.* ⁵*Jesús les dice: «Muchachos, ¿tenéis pescado?». Ellos contestaron: «No».* ⁶*Él les dice: «Echad la red a la derecha de la barca y encontraréis». La echaron, y no podían sacarla, por la multitud de peces.* ⁷*Y aquel discípulo a quien Jesús amaba le dice a Pedro: «Es el Señor». Al oír que era el Señor, Simón Pedro, que estaba desnudo, se ató la túnica y se echó al agua.* ⁸*Los demás discípulos se acercaron en la barca, porque no distaban de tierra más que unos doscientos codos, remolcando la red con los peces.* ⁹*Al saltar a tierra, ven unas brasas con un pescado puesto encima y pan.* ¹⁰*Jesús les dice: «Traed de los peces que acabáis de coger».* ¹¹*Simón Pedro subió a la barca y arrastró hasta la orilla la red repleta de peces grandes: ciento cincuenta y tres. Y aunque eran tantos, no se rompió la red.* ¹²*Jesús les dice: «Vamos, almorzad». Ninguno de los discípulos se atrevía a preguntarle quién era, porque sabían bien que era el Señor.* ¹³*Jesús se acerca, toma el pan y se lo da, y lo mismo el pescado.* ¹⁴*Esta fue la tercera vez que Jesús se apareció a los discípulos después de resucitar de entre los muertos.* ¹⁵*Después de comer, dice Jesús a Simón Pedro: «Simón, hijo de Juan, ¿me amas más que estos?». Él le contestó: «Sí, Señor, tú sabes que te quiero». Jesús le dice: «Apacienta mis corderos».* ¹⁶*Por segunda vez le pregunta: «Simón, hijo de Juan, ¿me amas?». Él le con-*

testa: «Sí, Señor, tú sabes que te quiero». Él le dice: «Pastorea mis ovejas». [17]Por tercera vez le pregunta: «Simón, hijo de Juan, ¿me quieres?». Se entristeció Pedro de que le preguntara por tercera vez: «¿Me quieres?» y le contestó: «Señor, tú conoces todo, tú sabes que te quiero». Jesús le dice: «Apacienta mis ovejas. [18]En verdad, en verdad te digo: cuando eras joven, tú mismo te ceñías e ibas adonde querías; pero, cuando seas viejo, extenderás las manos, otro te ceñirá y te llevará adonde no quieras». [19]Esto dijo aludiendo a la muerte con que iba a dar gloria a Dios. Dicho esto, añadió: «Sígueme». [20]Pedro, volviéndose, vio que les seguía el discípulo a quien Jesús amaba, el mismo que en la cena se había apoyado en su pecho y le había preguntado: «Señor, ¿quién es el que te va a entregar?». [21]Al verlo, Pedro dice a Jesús: «Señor, y este, ¿qué?». [22]Jesús le contesta: «Si quiero que se quede hasta que yo venga, ¿a ti qué? Tú sígueme». [23]Entonces se empezó a correr entre los hermanos el rumor de que ese discípulo no moriría. Pero no le dijo Jesús que no moriría, sino: «Si quiero que se quede hasta que yo venga, ¿a ti qué?». [24]Este es el discípulo que da testimonio de todo esto y lo ha escrito; y nosotros sabemos que su testimonio es verdadero.

Meditación

Permitidme ahora que profundicemos en el texto haciendo una lectura meditativa siguiendo los versículos del evangelio:

En aquel tiempo Jesús se apareció otra vez a los discípulos junto al lago de Tiberíades y se apareció de esta manera:

Es la cita de Jesús Resucitado en la vida: «Id a Galilea y allí me veréis». Jesús, como Buen Pastor, busca la oveja perdida, va siempre a buscar «lo que estaba perdido». El lago de Tiberíades es una cita con el amor primero de los apóstoles. Aquí llamó Jesús a algunos, invitándoles a ser pescadores de hombres.

Estaban juntos Juan, Pedro, Tomás apodado el Mellizo, Natanael el de Caná de Galilea, los Zebedeos (Santiago y Juan) y otros dos discípulos suyos.

Los apóstoles, por el misterio de la cruz, han quedado rotos en la comunidad apostólica, se han disgregado... «Herirán al Pastor y se dispersarán las ovejas». ¿Por qué no han acudido todos a la cita? La pasión, con su muerte, ha sido como una bomba atómica que ha destruido una por una todas sus ilusiones y esperanzas. Como con los de Emaús (cf. Lc 24). Quizá esperanzas demasiado mundanas todavía.

Simón Pedro les dice: me voy a pescar. Ellos contestan: vamos también nosotros contigo.

La experiencia de la cruz, de la pasión, les ha puesto en una situación nueva. Son más humildes. Se han hecho dóciles para caminar juntos y para no separarse. Pasarlo mal a veces nos une. Cuando percibimos que es clave la comunión y la vida fraternas, nos crecen las alas para caminar juntos con alegría.

Salieron y se embarcaron; y aquella noche no cogieron nada. Estaba ya amaneciendo, cuando Jesús se presentó en la orilla; pero los discípulos no sabían que era Jesús.

La vida es noche, es estéril, cuando vivimos sin Jesús. Aquella noche no pescarán nada. En el fondo es siempre una llamada a vivirlo todo «por Cristo, con Él y en Él»: aun en medio de todas nuestras noches y oscuridades, sabemos que el Señor se presenta en la orilla de nuestra vida. Está siempre en nuestros amaneceres. Se presenta, en medio de la niebla y la bruma que en todo amanecer existe en los lagos. Se hace presente siempre en todas nuestras oscuridades.

Jesús les dice: Muchachos, ¿tenéis pescado? Ellos contestaron: no. Él les dice: echad la red a la derecha de la barca y encontraréis.

La palabra «muchacho» es muy coloquial y cordial. Es un Jesús cercano y amigo. Resucitado y resucitador. Pregunta y espera. Es evidente su fracaso y, sin embargo, quiere que se lo cuenten. Por eso, la respuesta de que no hemos pescado nada, habla de transparencia y sinceridad, clave en la conversión.

La echaron, y no podían sacarla, por la multitud de peces. Y aquel discípulo a quien Jesús amaba le dice a Pedro: «Es el Señor».

La docilidad a la palabra de Jesús hace que la noche y las redes vacías se conviertan en fecundidad, en unas redes llenas. Este «signo» hace que «el discípulo amado» por tener limpio el corazón, descubra que es Jesús el que siempre está en la orilla de nuestra vida alentando la esperanza. El libro de Romano Guardini, *El Señor*, parte de esta confesión de fe que hace san Juan: «Jesús es el Señor». Es nuestra vida. Es lo que nos hace caminar juntos con alegría. Es para lo que existe y vive la Iglesia, para anunciar que Cristo vive, resucitado y resucitador

Al oír que era el Señor, Simón Pedro, que estaba desnudo, se ató la túnica y se echó al agua.

Pedro tiene una herida inmensa en su corazón. Ya nada será igual. Le ha negado. Mira que no lo repitió y le recordó una debilidad. Le ha fallado. Sin embargo, sigue albergando en su corazón una tenue esperanza. Por eso, «desnudo» como está, se tira al agua. No espera. El místico Juan lo ve. Pedro se «moja» porque quiere encontrarse con quien le ha elegido. Necesita pedirle perdón. Va así a Jesús, nadando, pero no puede esperar. Quiere pedirle perdón. Quiere abrazarle en su pobreza y miseria.

Los demás discípulos se acercaron a la barca, porque no distaban de tierra más que unos doscientos codos, remolcando la red con los peces.

Se acercan todos los demás a Jesús en la barca. Es la Iglesia en la que, caminando juntos, van al encuentro con el

Resucitado que siempre nos espera en la orilla, después de una noche oscura intensa. La Iglesia encuentra siempre, en su travesía por la historia, que Jesús sigue en la barca, aunque parezca que se hunde, y la conduce a puerto de paz.

Al saltar a tierra, ven unas brasas, con un pescado puesto encima y pan.

Nos espera Jesús con su corazón abierto. Como fuego, como brasas, sobre las cenizas de todos nuestros desánimos y oscuridades.

Pedro, descubre que Jesús va a curar sus heridas. Primero, preparándole el Señor un desayuno al amanecer ¡Me fío de un Dios que prepara un desayuno al amanecer! ¡Me fío de un Dios que está en los detalles humanos, para curar heridas y abrir esperanzas! Pedro inicia un camino de sanación del corazón herido, volviendo al hogar de su Corazón, que nos invita a remover las cenizas para que, soplando sobre ellas con su Espíritu, se puedan descubrir las brasas ardientes del Amor de Dios.

Jesús les dice: «Traed los peces que acabáis de coger».

La segunda clave de Jesús, con el alma herida de Pedro y de los que le abandonaron ante el escándalo de la cruz, es que vuelve a contar con él, con ellos. Cuenta siempre con nosotros. Traed los peces que acabáis de pescar: es saber que Él sigue contando siempre con nosotros, para seguir evangelizando y llevando su Amor redentor a todos.

Jesús podía decirles: ya no cuento con vosotros porque me habéis fallado. Jesús sigue construyendo desde nuestra debilidad. Sigue haciendo su obra contando desde nuestra nada. Esta es la mayor autoestima que tenemos los que seguimos a Jesús: que Él sigue construyendo para hacer su obra de amor, contando con nuestros materiales pobres.

Simón Pedro subió a la barca y arrastró hasta la orilla la red repleta de peces grandes: ciento cincuenta y tres. Y aunque eran tantos, no se rompió la red.

Juan está preocupado por la unidad, que ya desde el principio, está continuamente amenazada. Ya ha surgido la primera herejía del docetismo que niega la humanidad de Jesús, la encarnación, que Jesús sea hombre. En el fondo es el desprecio de la maternidad, de lo humano. ¿Cómo puede hacerse Dios hombre, cuando ser hombre es algo tan irrelevante, tan vulgar, tan poco atractivo? Juan va a insistir en que el Verbo se hizo carne («sarx», en griego) y va a insistir en la Madre de Jesús, en su verdadera humanidad. En su carta insistirá en «lo que hemos visto y oído, tocado y palpado», que el Verbo se hizo carne, hombre con todas las consecuencias, como Redentor del hombre.

Este «no se rompió la red» significa que no se rompe la unidad, la comunidad. Antes, Cristo ha gritado en su oración con corazón sacerdotal, oración de la unidad: «Que todos sean uno» (Jn 17,21). Aquí se ve que, ante las primeras herejías, que tratan de dinamitar la unidad, Jesús presenta una y otra vez en la práctica su testamento: que sean uno. Aquí «no se rompió la red». Estando en la red, en la Iglesia, todas las clases de peces que se creían que vivían en el mar están en la Iglesia. La Iglesia Madre es como una red que acoge a todos, y si está Jesús en medio, la unidad se asegura, manteniendo la unidad en lo esencial y sustancial y la pluralidad en lo adjetivo.

Jesús les dice: vamos a almorzar. Ninguno de los discípulos se atrevía a preguntarle quién era, porque sabían bien que era el Señor.

También nuestro corazón está herido por el pecado. El Señor lo sana con nuestras debilidades, invitándonos a comer a su mesa de la Eucaristía. El Señor siempre nos cura en la intimidad de la Eucaristía, celebrada, comulgada y adorada.

Jesús se acerca, toma el pan y se lo da, y lo mismo el pescado. Esta fue la tercera vez que Jesús se apareció a los discípulos después de resucitar de entre los muertos.

Sus heridas nos han curado. La Eucaristía es siempre sanadora, es siempre transformadora. Comer su cuerpo y su sangre, tener vida plena, vida eterna: «Quien come de este pan vivirá para siempre». Es saber que su carne es verdadera comida y su sangre bebida. Estamos en el misterio central de nuestra fe, de Cristo muerto y resucitado, en el misterio pascual. El Concilio Vaticano II llama a la Eucaristía «centro y culmen de la vida cristiana».

Después de comer, dice Jesús a Simón Pedro: «Simón, hijo de Juan, ¿me amas más que estos?» Él le contestó: «Sí, Señor, tú sabes que te quiero».

Jesús llama a Pedro, de su soledad amargada, a su soledad acompañada con su presencia. «Simón ¿me amas?» Es la clave de toda la vida de seguimiento de Jesús. ¿Me amas tú, como cuando te elegí? Incluso te lo pregunto después de tus caídas, para que tengas la posibilidad de reparar con amor tanto amor despreciado. Solo cuando nos encontramos en la intimidad del corazón podemos decir: «Sí, Señor, tú lo sabes todo», sabes de mi pecado y debilidad, pero sabes que, lo que te dije en Cafarnaúm, lo sostengo. Allí: «¿Dónde vamos a ir, si sólo tú tienes palabras de vida eterna?». Cuando nos presentamos ante ti, sabemos que vamos a ser llenados de su Amor.

Jesús le dice: «Apacienta mis corderos». Por segunda vez le pregunta: «Simón, hijo de Juan, ¿me amas?». Él le contesta: «Sí, Señor, tú sabes que te quiero». Él le dice: «Pastorea mis ovejas».

Sólo cuando amamos a Jesús, Él nos encomienda lo que más quiere, lo que más le importa. A Juan le encomendó a su Madre. A Pedro su Iglesia. Pero siempre después de que le digamos con nuestra vida: «Tú lo sabes todo, tú sabes que te quiero». Es verdad que como no amemos a Jesús, no nos encomendará sus cosas queridas. El Señor sólo pone en nuestras manos —él sabe que somos pecadores—, sus cosas más queridas, cuando se dice una y otra vez: «Tú sabes que te quiero».

Por tercera vez le pregunta: «Simón, hijo de Juan, ¿me quieres?» Se entristeció Pedro de que le preguntara por tercera vez: «¿Me quieres?» y le contestó: «Señor, tú conoces todo, tú sabes que te quiero». Jesús le dice «Apacienta mis ovejas».

Pedro se entristece a la tercera vez que le pregunta si le ama. Recordó lo del gallo. Pero se lo recuerda en aquellos momentos en que puede decirle que le ama, que ha sido su amor total. Sabe que se lo ha dado todo desde su pecado y debilidad. Esto vale en todas las formas de seguimiento de Cristo, de amor esponsal, de amor de amistad, de seguimiento de Jesús.

Le ha seguido en todo. Lo que le ha pedido el Señor y ahora le pide es que le siga desde sus heridas, desde su pecado. Debe confiar en que el Amor incondicional de Jesús es un amor que nunca falla. Le vuelve a preguntar y le vuelve a remitir a las ovejas, a que no se quede en sus limitaciones, sino en el Amor que una y otra vez le reclama Jesús, invitándole a que confíe en quien le llamó, y que apaciente sus ovejas.

«En verdad, en verdad te digo: cuando eras joven, tú mismo te ceñías e ibas adonde querías; pero, cuando seas viejo, extenderás las manos, otro te ceñirá y te llevará adonde no quieras». Esto dijo aludiendo a la muerte con que iba a dar gloria a Dios. Dicho esto, añadió: «Sígueme».

Desde su experiencia de haberle fallado a Jesús, desde sus heridas por no haber estado a la altura de la confianza de quien le llamó, Pedro comienza a descubrir que este camino de seguimiento a Jesús, de debilidad y deseo de fidelidad no acaba nunca. Tiene que pasar por la noche, oscuridad de sus valles oscuros, para remontar y ponerse en sus manos con una infinita confianza. Muchos han visto aquí la entrada, después de tanta noche oscura en la luz de la auténtica vida mística, de estar y entrar en el misterio de Dios. Un misterio que tiene más que ver con el abandono confiado... «cuando seas viejo, extenderás las manos, otro te ceñirá (te vestirá) y te llevarán adonde no quieras». En el fondo es pasar de creer en un amor que nos hace autosuficientes y donde nosotros somos el centro, a su amor verdadero, de dejarse y darse. De ponerse en sus manos con una infinita confianza.

Pedro, volviéndose, vio que les seguía el discípulo a quien Jesús amaba, el mismo que en la cena se había apoyado en su pecho y le había preguntado: «Señor, ¿Quién es el que te va a entregar?». Al verlo, Pedro dice a Jesús: «Señor, y éste, ¿qué?».

Todavía Pedro tendrá que seguir recorriendo el camino de la auténtica conversión. Nunca estamos convertidos del todo. Siempre nos falta «algo» para ser ese «alguien» que el Señor nos señaló desde toda la eternidad y que nos invita a cumplir los preceptos de su Corazón que subsisten de edad en edad. ¿Cuál sigue siendo la asignatura pendiente en la conversión de Pedro? El no mirar a otros. Decía san Juan de la Cruz: no mires a nadie (comparándote con él), que te turbarás. ¿Por qué Pedro sigue mirando de reojo a Juan? ¿Qué le importa el plan que tiene el Señor sobre Él? ¿Por qué en su autoridad quiere tener todo atado y bien atado? Jesús le tira de las orejas. Al mirar al «discípulo amado» cae en el error y la tentación de no saber que Dios tiene para cada uno de nosotros un plan único e irrepetible.

Jesús le contesta: «Si quiero que se quede hasta que yo venga, ¿a ti qué? Tú sígueme». Entonces se empezó a correr entre los hermanos el rumor de que ese discípulo no moriría. Pero no le dijo Jesús que no moriría, sino: «Si quiero que se quede hasta que yo venga, ¿a ti qué?» Este es el discípulo que da testimonio de todo esto y lo ha escrito; y nosotros sabemos que su testimonio es verdadero.

La contestación de Jesús, en el fondo, es decirle: no voy a saciar tu curiosidad. Algunos buscan en el evangelio, en el seguimiento de Jesús, en la santidad, saciar ciertas curiosidades que el Señor nunca nos cuenta, por eso acuden a lo extraordinario (visiones, revelaciones, apariciones) para no vivir el camino de lo ordinario, que es al que invita Jesús a Pedro: «Confirma a tus hermanos en la fe». Tú, Pedro, le dice Jesús, sígueme. Este es el don y la tarea. Esta es la santidad. Este es tu proyecto pastoral de vida. Aquí te lo juegas todo y «deja que los muertos entierren a sus muertos».

La riqueza de la Palabra de Dios es insondable

Seguramente que este pasaje evangélico tiene mucho que sugerirnos a todos a lo largo de este curso. San Agustín, leyendo estas palabras de Jesús a Pedro, las sintetizaba diciendo: «Si diligis, pasce...» (Sermón 146), es decir, «si amas, apacienta...». La caridad pastoral es la esencia de la santidad sacerdotal, y pido al Señor que nos conceda ese amor pastoral capaz de derretir los corazones más endurecidos y de abrir a todos a la anchura, la altura y la profundidad del amor de Cristo crucificado. En el capítulo siguiente, intentaré desgranar algunos elementos del sacerdocio ministerial que considero especialmente relevantes para vivir hoy nuestra llamada, y en el último, procuraré delinear algunas claves con las que todos los fieles podemos asociarnos a vivir la ofrenda de nuestra vida, nuestro sacerdocio real, colaborando con nuestros pastores para la santificación del mundo en que nos ha tocado vivir.

Oración

Cristo Vivo Resucitado,
aparece en mi vida,
en la bruma de mis dudas,
en los cansancios de la vida.
quiero descubrirte cercano y Amigo

que vienes a la orilla de mi vida,
para llenarla de esperanza,
detrás de tanta noche oscura.
Amén.

Contemplación

La primera vez, Jesús pregunta a Pedro: «Simón..., ¿me amas» *(agapâs-me)* con este amor total e incondicional? (cf. Jn 21,15). Antes de la experiencia de la traición, el Apóstol habría dicho ciertamente: «Te amo *(agapô-se)* incondicionalmente». Ahora que ha experimentado la amarga tristeza de la infidelidad, el drama de su propia debilidad, dice con humildad: «Señor, te quiero *(filô-se)*», es decir, «te amo con mi pobre amor humano». Cristo insiste: «Simón, ¿me amas con este amor total que yo quiero?». Y Pedro repite la respuesta de su humilde amor humano: «*Kyrie, filô-se*», «Señor, te quiero como sé querer». La tercera vez, Jesús sólo dice a Simón: «*Fileîs-me?*», «¿Me quieres?». Simón comprende que a Jesús le basta su amor pobre, el único del que es capaz, y, sin embargo, se entristece porque el Señor se lo ha tenido que decir de ese modo. Por eso le responde: «Señor, tú lo sabes todo, tú sabes que te quiero *(filô-se)*».

Parecería que Jesús se ha adaptado a Pedro, en vez de que Pedro se adaptara a Jesús.

Precisamente esta adaptación divina da esperanza al discípulo que ha experimentado el sufrimiento de la infidelidad. De aquí nace la confianza, que lo hace capaz de seguirlo hasta el final: «Con esto indicaba la clase de muerte con que iba a glorificar a Dios. Dicho esto, añadió: "Sígueme"» (Jn 21,19).

Desde aquel día, Pedro «siguió» al Maestro con la conciencia clara de su propia fragilidad; pero esta conciencia no lo desalentó, pues sabía que podía contar con la presencia del Resucitado a su lado. Del ingenuo entusiasmo de la adhesión inicial, pasando por la experiencia dolorosa de la negación y el llanto de la conversión, Pedro llegó a fiarse de ese Jesús que se adaptó a su pobre capacidad de amor. Y así también a nosotros nos muestra el camino, a pesar de toda nuestra debilidad. Sabemos que Jesús se adapta a nuestra debilidad. Nosotros lo seguimos con nuestra pobre capacidad de amor y sabemos que Jesús es bueno y nos acepta. Pedro tuvo que recorrer un largo camino hasta convertirse en testigo fiable, en «piedra» de la Iglesia, por estar constantemente abierto a la acción del Espíritu de Jesús[3].

La nueva vida de Cristo Resucitado: el discípulo a quien Jesús amaba

Lectio divina (Lc 24,30-34)

[30]*Sentado a la mesa con ellos, tomó el pan, pronunció la bendición, lo partió y se lo iba dando.* [31]*A ellos se les abrieron los ojos y lo reconocieron. Pero él desapareció de su vista.* [32]*Y se dijeron el uno al otro: «¿No ardía nuestro corazón mientras nos hablaba por el camino y nos explicaba las Escrituras?».* [33]*Y, levantándose en aquel momento, se volvieron a Jerusalén, donde encontraron reunidos a los Once con sus compañeros,* [34]*que estaban diciendo: «Era verdad, ha resucitado el Señor y se ha aparecido a Simón».*

Meditación

El misterio pascual de Cristo muerto y resucitado, es vivido en la Eucaristía celebrada, comulgada y adorada y nos lanza a evangelizar, a decir que Jesucristo vive entre nosotros.

La figura que nos puede ayudar a profundizar en la riqueza de los Ejercicios Espirituales, de un camino de conversión y de santidad, discernimiento y hallar la voluntad de Dios, es la figura del «discípulo amado». Aquél discípulo que Jesús amaba y que aparece en cinco momentos en

---

[3] Benedicto XVI, *Audiencia general,* 24 de mayo de 2006.

cada una de esas escenas nos llama a una vivencia profunda de conversión, que se puede reunir en estas cinco realidades. La figura del discípulo amado, aparece por primera vez en el cenáculo. Solo Juan, habla estas cinco veces de este discípulo a quien Jesús amaba. Podíamos resumir que no hay discípulo amado, por tanto un cristiano que vive a tope la fe, sin la Eucaristía celebrada, comulgada y adorada. Necesitamos como «el discípulo amado» recostar la cabeza sobre el pecho de Jesús. La nueva vida que es Jesucristo Resucitado, nos ama para vivir en su corazón Eucarístico, para ser fieles siempre a los proyectos de su corazón que subsisten de edad en edad.

La segunda vez que aparece el discípulo a quien Jesús amaba, es junto a la cruz, donde está María y la Magdalena.

Viendo Jesús «al discípulo a quien Jesús amaba» se lo entrega a su Madre... Es tu hijo.

No podemos ser discípulos amados si no somos marianos, si no acogemos a María en nuestro corazón, en la casa de nuestra vida, como esencial al ser cristianos.

Ya lo dijo Pablo VI en Loreto: no podemos ser cristianos si no somos marianos. Para ser discípulo, que vive una vida nueva, es necesario acoger a María entre lo fundamental para el seguimiento de Cristo.

Esta figura misteriosa del discípulo amado, el comenzar junto con Pedro, ayuda a profundizar en la fe de sus hermanos. Llegó primero (al sepulcro) aquel discípulo a quien Jesús amaba y deja pasar a Pedro que se asombra de lo que ve. El discípulo amado es el que corre siempre unido a la Iglesia, con Pedro y que nos recuerda que la dimensión eclesial es sustantivo en la vida nueva con el Resucitado. No podemos dejar de vivir una vida nueva y plena, mariana, eucarística sin la dimensión eclesial.

La cuarta vez que aparece el discípulo a quien Jesús amaba es en el lago de Tiberíades (Jn 21). Aquel amanecer, en medio de la bruma aparece Jesús... Tirad las redes a la derecha y encontraréis.

El discípulo a quien Jesús ama le ve por el «signo» de que unas redes vacías se han llenado a rebosar. Pedro se tira al agua. No puede vivir sin Jesús. Necesita ser curado en su profunda herida de pensar que, por las negaciones, Jesús ya no lo quiere. Al final Jesús cura su corazón y su alma con los tres gestos, le prepara un desayuno, cuenta con ellos... Traedme lo que habéis pescado y con la Eucaristía «tomad y comed» hace el milagro de curar, cuando está amaneciendo.

Al final en el corazón de Pedro y en el nuestro resuena al amanecer. ¿Me amas? Tú lo sabes todo, tú sabes que te amo.

Oración

Señor,
me presento a ti,
con el corazón abierto y herido
sé de tu amor incondicional,
de que tengo asegurado tu Perdón,
de saber que nunca me dejas de la mano.
Ilumina mi vida,
para que partiendo de lo que soy,
quiero vivir lo que tu soñaste para mí,
para que mi vida sea siempre,
un trampolín hacia la santidad,
porque confío
que tu fuerza se realizará en mi debilidad.

Contemplación

Carlo nació y se bautizó en el barrio de Chelsea, en el corazón de Londres. Sus padres no eran católicos practicantes. ¿De dónde le vino entonces una fe tan profunda y una unión con Dios tales que le llevaron a expresar ideas tan profundas como: «Si Dios posee nuestro corazón, poseeremos el infinito» o «Sin Él, no puedo hacer nada».

Su niñera polaca, gran devota de Juan Pablo II, fue quien transmitió al pequeño Carlo un interés por la fe. A partir de ahí creció sin parar, llevando a su madre a apuntarse a unas clases de teología para responder a las muchas preguntas que hacía, y es que, como él decía: «Encuentra a Dios y encontrarás el sentido de tu vida».

El niño Carlo «tiraba» de su madre para entrar en las iglesias y «mandarle besos a Jesús». Se enamoró del Señor: «Estar siempre unidos a Jesús, este es mi proyecto de vida», proyecto que se fue forjando a través de los sacramentos. Pidió hacer la primera comunión a los siete años: «La Eucaristía es mi autopista para el cielo». A partir de ahí no dejó la Misa diaria, ni de hacer un rato de adoración delante del Santísimo, ni de rezar el rosario: «Después de la Eucaristía, el Santo Rosario es el arma más potente para combatir el demonio» y también le gustaba decir que: «El Rosario es la escalera más corta para subir al Cielo».

«La tristeza es dirigir la mirada hacia uno mismo, la felicidad es dirigir la mirada hacia Dios. La conversión no es otra cosa que desviar la mirada desde abajo hacia lo alto». Carlo evangelizó a su familia y lo sigue haciendo desde el cielo. Antonia Salzano, madre de Carlo, comentó en una entrevista que los hermanos pequeños de Carlo, quienes nacieron cuatro años después de la muerte de éste, están «acostumbrados a tener un hermano Santo».

Carlo tuvo que luchar muchísimo por vencerse en las cosas pequeñas. No comer tanta Nutella (=nocilla), por ejemplo. Su conclusión era la siguiente: «¿De qué le sirve al hombre ganar una batalla, si no es capaz de vencer sus pasiones?». Era popular entre sus compañeros, y les hacía reír en clase, pero se dio cuenta de que podía molestar. Así que ahí también se controlaba: Según él, «la santificación no es un proceso de suma, sino de resta. Menos yo para dejar espacio a Dios».

«La vida es un regalo porque mientras estemos en este planeta, podemos incrementar nuestro nivel de caridad. Cuanto más alto sea, más disfrutaremos de la Eterna Bienaventuranza de Dios». Carlo hacía el esfuerzo de amar a todos los que estaban a su alrededor. Sus primeros ahorros fueron para una persona sin techo a quien veía de camino a la iglesia. Le compró un saco de dormir. Ayudó a muchas personas sin hogar, de tal modo que el día de su funeral, la iglesia se llenó de pobres. Se hace realidad su frase de: «Lo que verdaderamente nos hará hermosos a los ojos de Dios será sólo la forma en que lo hemos amado y cómo hemos amado a nuestros hermanos».

«Sólo los que hagan la voluntad de Dios serán verdaderamente libres». Carlo aceptó su corta enfermedad como voluntad de Dios. Fue internado en el hospital y le diagnosticaron la peor leucemia. Murió ofreciendo sus sufrimientos por el Papa y la Iglesia. Según él, «¡Criticar a la Iglesia significa criticarnos a nosotros mismos! La Iglesia es dispensadora de tesoros para nuestra salvación».

Y la frase más conocida de Carlo: «Todos nacen como originales, pero muchos mueren como fotocopias». Con ella hacía alusión al deber que tenemos todos de hacer fructificar los talentos que Dios ha puesto en cada uno. Se daba cuenta que muchas personas no son ellas mismas, intentado ser como los demás[4].

La nueva Vida Resucitada: la contemplación para alcanzar el amor

Lectio divina (Lc 24, 1-5)

¹*El primer día de la semana, de madrugada, las mujeres fueron al sepulcro llevando los aromas que habían prepara-*

---

4 ANGELA MENGIS PALLECK, «Carlo Acutis. Frases que lo han hecho famoso»: *Vatican News* 10 Octubre 2020.

do. ²Encontraron corrida la piedra del sepulcro. ³Y, entrando, no encontraron el cuerpo del Señor Jesús. ⁴Mientras estaban desconcertadas por esto, se les presentaron dos hombres con vestidos refulgentes. ⁵Ellas quedaron despavoridas y con las caras mirando al suelo y ellos les dijeron: «¿Por qué buscáis entre los muertos al que vive?

Meditación

El aterrizaje de los Ejercicios Espirituales ignacianos se culmina con la «Contemplación para alcanzar el amor». No estaba esta contemplación en el manuscrito original. La introduce san Ignacio, viendo las primeras calumnias que se hacen contra el fruto de los ejercicios que no aterrizaban en la vida. No cambiaba nada y por tanto se le hacía la misma crítica que a todos los orantes, que no es necesario orar, porque lo importante es la vida. ¡Cómo si se pudiera cambiar nuestra vida y nuestro compromiso sin salir al monte de la contemplación! Orar siempre nos lleva a la vida, al servicio a los pobres. Crecemos por dentro para servir por fuera.

Tres son los mensajes para «aterrizar» y que deben dar como fruto una vida santa, vivir nuestra vocación como llamada a la santidad o tomarnos muy en serio la identificación con los sentimientos del Corazón de Cristo.

1. Poner el Amor más en obras que en palabras

Convertir nuestra vida en una obra de amor. Siempre existe el peligro, después de tantas meditaciones, de creer que amar son solo palabras bonitas.

Hay que amar con la vida, con obras de amor, no solo con palabras. Aunque las palabras son necesarias, no bastan. Es verdad que tenemos que decir con palabras y gestos, lo que queremos a las personas que el Señor pone en nuestro camino. La clave está en un amor que da la vida con obras de amor, y también con palabras, aunque no sólo palabras.

2. Todo lo humano es digno de ser vivido

Este aterrizaje es verdaderamente el gran fruto del encuentro con Jesús, con el corazón vivo de Cristo: todo lo humano es digno de ser vivido. Jesús amó con corazón humano, con su sensibilidad. La persona divina del Verbo se hizo hombre con todas las consecuencias, vivió, murió y resucitó para que «tengamos vida y la tengamos en abundancia».

La vivencia que tiene que prevalecer en nuestro planteamiento seña de la santidad, nos exige vivirlo todo unido al Señor. Es digno de ser vivido con Cristo la enfermedad, el fracaso, la depresión, la alegría, la muerte...

¡Qué distinta es la vida cuando desde la contemplación de todo lo creado y la Redención de Cristo, lo vivimos para «alcanzar amor»!

3. Orar, orar y orar

Tendría un recorrido muy corto, si el fruto parroquial no fuese mantener la unión con Cristo que se vive y se mantiene cuando oramos todos los días y abundantemente. Un día sin oración es un día perdido en tu vida. Sin oración no hay ni presente ni futuro. Nos instalamos en la mediocridad, y el cansancio acumulado y persistente nos puede.

No nos cansemos de orar, si no queremos que nos cansemos de vivir una vida cristiana coherente. No podemos quedarnos en una vida estancada en la juerga, sino en saber que la contemplación para alcanzar amor me lleva a una vida de santidad, más plena, más coherente, más evangelizadora.

Oración

Cristo mío, Resucitado,
me lanzas a vivir,
desde las entrañas del mundo
con el corazón identificado contigo.

hazme salir a los caminos,
a cantarle a todo el mundo,
que conocerte a ti, es lo mejor de mi vida
y darte a conocer,
el yugo suave y la carga ligera.
Amén.

Contemplación

Por ello, ante la muerte y la separación total y definitiva de la vida presente, siento el deber de celebrar el don, la fortuna, la belleza el destino de esta misma existencia fugaz: Señor, te doy gracias porque me has llamado a la vida, y más aún todavía, porque haciéndome cristiano me has regenerado y destinado a la plenitud de la vida. Asimismo siento el deber de dar gracias y bendecir a quien fue para mí transmisor de los dones de la vida que me has concedido tú, Señor: los que me han traído a la vida (¡sean benditos mis padres, tan dignos!), los que me han educado, amado, hecho bien, ayudado, rodeado de buenos ejemplos, de cuidados, afectos, confianza, bondad, cortesía, amistad, fidelidad, respeto. Contemplo lleno de agradecimiento las relaciones naturales y espirituales que han dado origen, ayuda, consuelo y significado a mi humilde existencia: ¡Cuántos dones, cuántas cosas hermosas y elevadas, cuánta esperanza he recibido yo en este mundo! Ahora que la jornada llega al crepúsculo y todo termina y se desvanece esta estupenda y dramática escena temporal y terrena, ¿cómo agradecerte, Señor, después del don de la vida natural, el don muy superior de la fe y de la gracia, en el que únicamente se refugia al final mi ser? ¿Cómo celebrar dignamente tu bondad, Señor, porque apenas entrado en este mundo, fui insertado en el mundo inefable de la Iglesia católica? Y ¿cómo, por haber sido llamado e iniciado en el Sacerdocio de Cristo? Y ¿cómo, por haber tenido el gozo y la misión de servir a las almas, a los hermanos, a los jóvenes, a los pobres, al pueblo de Dios, y haber tenido el honor inmerecido de ser ministro de la santa Iglesia, en Roma sobre todo, al lado del Papa, después en Milán como arzobispo en la cátedra, demasiado alta para mí y venerabilísima, de los santos Ambrosio y Carlos, y finalmente en ésta de San Pedro, suprema y tremenda y santísima? *In aeternum Domini misericordias cantabo*[5].

---

[5] SAN PABLO VI, *Testamento.*

Apéndice

Ejercicios Espirituales en Cuba. «Hemos conocido el amor»

Los ejercicios espirituales de don Francisco Cerro en Cuba han sido un regalo de Dios, un bálsamo para el alma, me han ayudado a volver «al amor primero» (Ap 2,4), a ese amor que he conocido y que me envuelve de manera permanente.

Al calor del Espíritu Santo el corazon se ablanda y se deja moldear por Él. El Espíritu formó el Corazón de Cristo y ahora Cristo derrama su Espíritu para forjar en nosotros su Corazón. Alguien, con simpática imagen, dijo «que los Ejercicios son un ponerse a remojo en Dios y no hay bacalao que se le resista». Eso han sido estos días de gracia. Y a la luz de estos ejercicios comparto las siguientes conclusiones:

1. La necesidad de los ejercicios espirituales

Los ejercicios espirituales de san Ignacio no pasan de moda, son actuales, han hecho mucho bien a lo largo de los siglos y, actualmente, son un instrumento de Dios para la santificación de las almas.

Los ejercicios ignacianos son unos días de silencio y meditación, que sirven para «poner el alma a remojo» en el Corazón de Cristo y escuchar de nuevo esas palabras que Jesús dijo a los apóstoles: «Venid y veréis» (Jn 1,39).

Los ejercicios espirituales suponen siempre una renovación interior en la persona que los hace, buscan la conversión personal, la conversión del corazón y poder llegar a decir con santa Teresa de Jesús: «Sólo Dios basta, quien a Dios tiene nada le falta».

2. Importancia de un buen director de ejercicios espirituales

Poder hacerlos con don Francisco Cerro es otro regalo, es un maestro de vida espiritual.

Conoce muy bien los ejercicios espirituales de san Ignacio pues los lleva impartiendo durante casi 50 años, cuando era sacerdote joven en la archidiócesis de Toledo, cuando estaba de director en el Centro de Espiritualidad del Sagrado Corazón de Jesús en Valladolid, cuando estaba de obispo de la diócesis de Coria-Cáceres y ahora como arzobispo de Toledo.

Las meditaciones que hace son hermosísimas, fruto de su estudio y oración, tiene la capacidad de mantener al ejercitante absorto. Las meditaciones son tan buenas que introducen al ejercitante a las puertas de la contemplación de Dios.

Domina de tal manera los ejercicios ignacianos y los textos bíblicos que podemos llegar a decir que es uno de los mayores especialistas actualmente.

3. Los ejercicios espirituales hacen mucho bien

En la persona que lo hace.

En esta ocasión me han hecho un bien enorme, me han recordado cuál es el principio y fundamento de mi vida sacerdotal, que he sido creado para la intimidad con Jesucristo, para la intimidad con Dios, que mi vocación es una vocación de servicio y de llevar almas al cielo.

El compromiso de los ejercicios es que la pasión de amor por Jesucristo me haga salir de mí mismo y poder llegar a decir con san Carlos de Foucauld: «Padre me pongo en tus manos, haz de mí lo que quieras».

Y en todos los que los hacen:

Soy testigo de ello, como delegado de misiones de la archidiócesis de Toledo, he podido participar de los ejercicios espirituales que don Francisco Cerro ha impartido en Perú y en Cuba.

El año pasado 2022 en su *visita pastoral a Perú*, impartió los ejercicios espirituales en la Prelatura de Moyobamba para 40 sacerdotes junto a su Obispo, Monseñor Rafael Escudero.

A esta tanda de ejercicios espirituales se sumaron también algunos sacerdotes misioneros de la archidiócesis de Toledo que se encuentran en la diócesis de Lurín (Lima Sur).

Esos días de remanso y tranquilidad fueron una gracia de Dios maravillosa para todos los que participamos, y fueron ocasión para renovar nuestro ardor sacerdotal y nuestro sí incondicional a Dios.

Este año 2023, don Francisco Cerro en su *visita pastoral a Cuba*, a la Diócesis de Cienfuegos, impartió los ejercicios espirituales a un grupo de 40 personas junto a su obispo Monseñor Domingo Oropesa, pero en esta ocasión estaban representadas todas las vocaciones de la iglesia: Obispo, sacerdotes, vida religiosa, diáconos permanentes junto a sus esposas, seminaristas y laicos. Todos salimos radiantes, resucitados, confirmados en nuestra vocación a la santidad según el estado de vida de cada uno.

4. La ayuda de un buen material

Tener un buen material que ayude es fundamental y este libro que presenta don Francisco Cerro considero que es un acierto por tres motivos:

—Porque sirve de apoyo a los ejercicios espirituales que él imparte, sin necesidad de tomar tantos apuntes.

—Porque facilita que se pueda recurrir a las meditaciones durante el resto del año, en cualquier ocasión y necesidad.

—Porque, con ayuda de este libro, cualquier persona pueda hacer los ejercicios espirituales cuando disponga de unos días.

A.M.D.G
José Carlos Arellano Ortega
31 de Julio de 2023, día de san Ignacio de Loyola